海上絲綢之路基本文獻叢書

職方外紀

〔意〕艾儒略 增譯

文物出版社

圖書在版編目（CIP）數據

職方外紀 /（意）艾儒略增譯. -- 北京 : 文物出版社, 2022.6
（海上絲綢之路基本文獻叢書）
ISBN 978-7-5010-7512-6

Ⅰ. ①職… Ⅱ. ①艾… Ⅲ. ①歷史地理一世界 Ⅳ. ① K916

中國版本圖書館 CIP 數據核字 (2022) 第 069966 號

海上絲綢之路基本文獻叢書
職方外紀

著　　者：〔意〕艾儒略
策　　划：盛世博閲（北京）文化有限責任公司

封面設計：鞏榮彪
責任編輯：劉永海
責任印製：張　麗

出版發行：文物出版社
社　　址：北京市東城區東直門内北小街 2 號樓
郵　　編：100007
網　　址：http://www.wenwu.com
郵　　箱：web@wenwu.com
經　　銷：新華書店
印　　刷：北京旺都印務有限公司
開　　本：787mm×1092mm　1/16
印　　張：15.125
版　　次：2022 年 6 月第 1 版
印　　次：2022 年 6 月第 1 次印刷
書　　號：ISBN 978-7-5010-7512-6
定　　價：98.00 圓

總緒

海上絲綢之路，一般意義上是指從秦漢至鴉片戰争前中國與世界進行政治、經濟、文化交流的海上通道，主要分爲經由黄海、東海的海路最終抵達日本列島及朝鮮半島的東海航綫和以徐聞、合浦、廣州、泉州爲起點通往東南亞及印度洋地區的南海航綫。

在中國古代文獻中，最早、最詳細記載『海上絲綢之路』航綫的是東漢班固的《漢書·地理志》，詳細記載了西漢黄門譯長率領應募者入海『齎黄金雜繒而往』之事，書中所出現的地理記載與東南亞地區相關，并與實際的地理狀况基本相符。

東漢後，中國進入魏晋南北朝長達三百多年的分裂割據時期，絲路上的交往也走向低谷。這一時期的絲路交往，以法顯的西行最爲著名。法顯作爲從陸路西行到印度，再由海路回國的第一人，根據親身經歷所寫的《佛國記》（又稱《法顯傳》）一書，詳細介紹了古代中亞和印度、巴基斯坦、斯里蘭卡等地的歷史及風土人情，是瞭解和研究海陸絲綢之路的珍貴歷史資料。

隨着隋唐的統一，中國經濟重心的南移，中國與西方交通以海路爲主，海上絲綢之路進入大發展時期。廣州成爲唐朝最大的海外貿易中心，朝廷設立市舶司，專門管理海外貿易。唐代著名的地理學家賈耽（七三〇～八〇五年）的《皇華四達記》記載了從廣州通往阿拉伯地區的海上交通『廣州通夷道』，詳述了從廣州港出發，經越南、馬來半島、蘇門答臘半島至印度、錫蘭，直至波斯灣沿岸各國的航綫及沿途地區的方位、名稱、島礁、山川、民俗等。譯經大師義净西行求法，將沿途見聞寫成著作《大唐西域求法高僧傳》，詳細記載了海上絲綢之路的發展變化，是我們瞭解絲綢之路不可多得的第一手資料。

宋代的造船技術和航海技術顯著提高，指南針廣泛應用於航海，中國商船的遠航能力大大提升。北宋徐兢的《宣和奉使高麗圖經》詳細記述了船舶製造、海洋地理和往來航綫，是研究宋代海外交通史、中朝友好關係史、中朝經濟文化交流史的重要文獻。南宋趙汝適《諸蕃志》記載，南海有五十三個國家和地區與南宋通商貿易，形成了通往日本、高麗、東南亞、印度、波斯、阿拉伯等地的『海上絲綢之路』。宋代爲了加强商貿往來，於北宋神宗元豐三年（一〇八〇年）頒佈了中國歷史上第一部海洋貿易管理條例《廣州市舶條法》，并稱爲宋代貿易管理的制度範本。

元朝在經濟上採用重商主義政策，鼓勵海外貿易，中國與歐洲的聯繫與交往非常頻繁，其中馬可•波羅、伊本•白圖泰等歐洲旅行家來到中國，留下了大量的旅行記，記録元代海上絲綢之路的盛況。元代的汪大淵兩次出海，撰寫出《島夷志略》一書，記録了二百多個國名和地名，其中不少首次見於中國著録，涉及的地理範圍東至菲律賓群島，西至非洲。這些都反映了元朝時中西經濟文化交流的豐富内容。

明、清政府先後多次實施海禁政策，海上絲綢之路的貿易逐漸衰落。但是從明永樂三年至明宣德八年的二十八年裏，鄭和率船隊七下西洋，先後到達的國家多達三十多個，在進行經貿交流的同時，也極大地促進了中外文化的交流，這些都詳見於《西洋蕃國志》《星槎勝覽》《瀛涯勝覽》等典籍中。

關於海上絲綢之路的文獻記述，除上述官員、學者、求法或傳教高僧以及旅行者的著作外，自《漢書》之後，歷代正史大都列有《地理志》《四夷傳》《西域傳》《外國傳》《蠻夷傳》《屬國傳》等篇章，加上唐宋以來衆多的典制類文獻、地方史志文獻，集中反映了歷代王朝對於周邊部族、政權以及西方世界的認識，都是關於海上絲綢之路的原始史料性文獻。

海上絲綢之路概念的形成，經歷了一個演變的過程。十九世紀七十年代德國地理學家費迪南・馮・李希霍芬（Ferdinad Von Richthofen，一八三三～一九〇五），在其《中國：親身旅行和研究成果》第三卷中首次把輸出中國絲綢的東西陸路稱爲『絲綢之路』。有『歐洲漢學泰斗』之稱的法國漢學家沙畹（Édouard Chavannes，一八六五～一九一八），在其一九〇三年著作的《西突厥史料》中提出『絲路有海陸兩道』，蘊涵了海上絲綢之路最初提法。迄今發現最早正式提出『海上絲綢之路』一詞的是日本考古學家三杉隆敏，他在一九六七年出版《中國瓷器之旅：探索海上的絲綢之路》中首次使用『海上絲綢之路』一詞；一九七九年三杉隆敏又出版了《海上絲綢之路》一書，其立意和出發點局限在東西方之間的陶瓷貿易與交流史。

二十世紀八十年代以來，在海外交通史研究中，『海上絲綢之路』一詞逐漸成爲中外學術界廣泛接受的概念。根據姚楠等人研究，饒宗頤先生是華人中最早提出『海上絲綢之路』的人，他的《海道之絲路與昆侖舶》正式提出『海上絲路』的稱謂。選堂先生評價海上絲綢之路是外交、貿易和文化交流作用的通道。此後，大陸學者馮蔚然在一九七八年編寫的《航運史話》中，使用『海上絲綢之路』一詞，這是迄今學界查到的中國大陸最早使用『海上絲綢之路』的人，更多地限於航海活動領域的考察。一九八〇年北京大學陳炎教授提出『海上絲綢之路』研究，并於一九八一年發表《略論海上絲綢之路》一文。他對海上絲綢之路的理解超越以往，且帶有濃厚的愛國主義思想。陳炎教授之後，從事研究海上絲綢之路的學者越來越多，尤其沿海港口城市向聯合國申請海上絲綢之路非物質文化遺産活動，將海上絲綢之路研究推向新高潮。另外，國家把建設『絲綢之路經濟帶』和『二十一世紀海上絲綢之路』作爲對外發展方針，將這一學術課題提升爲國家願景的高度，使海上絲綢之路形成超越學術進入政經層面的熱潮。

與海上絲綢之路學的萬千氣象相對應，海上絲綢之路文獻的整理工作仍顯滯後，遠遠跟不上突飛猛進的研究進展。二〇一八年厦門大學、中山大學等單位聯合發起『海上絲綢之路文獻集成』專案，尚在醞釀當中。我們不揣淺陋，深入調查，廣泛搜集，將有關海上絲綢之路的原始史料文獻和研究文獻，分爲風俗物産、雜史筆記、海防海事、典章檔案等六個類別，彙編成《海上絲綢之路歷史文化叢書》，於二〇二〇年影印出版。此輯面市以來，深受各大圖書館及相關研究者好評。爲讓更多的讀者親近古籍文獻，我們遴選出前編中的菁華，彙編成《海上絲綢之路基本文獻叢書》，以單行本影印出版，以饗讀者，以期爲讀者展現出一幅幅中外經濟文化交流的精美畫卷，爲海上絲綢之路的研究提供歷史借鑒，爲『二十一世紀海上絲綢之路』倡議構想的實踐做好歷史的詮釋和注脚，從而達到『以史爲鑒』『古爲今用』的目的。

凡例

一、本編注重史料的珍稀性，從《海上絲綢之路歷史文化叢書》中遴選出菁華，擬出版百册單行本。

二、本編所選之文獻，其編纂的年代下限至一九四九年。

三、本編排序無嚴格定式，所選之文獻篇幅以二百餘頁爲宜，以便讀者閱讀使用。

四、本編所選文獻，每種前皆注明版本、著者。

五、本編文獻皆爲影印，原始文本掃描之後經過修復處理，仍存原式，少數文獻由於原始底本欠佳，略有模糊之處，不影響閱讀使用。

六、本編原始底本非一時一地之出版物，原書裝幀、開本多有不同，本書彙編之後，統一爲十六開右翻本。

目録

職方外紀

職方外紀

六卷 首一卷

〔意大利〕艾儒略 增譯

〔明〕楊廷筠 記

明天啓刻本

職方外紀序

方域大矣其間位置憑生日新富有在一方即有一方物用滿足周匝不相假貸有齊諧不能志隸首不能紀者是孰使之然哉有

大主宰在也楚辭問天地
何際儒者不能對今欲窮
思極索以求涯際必至狂
惑畔渙喪志而未有得何
居乎西方之人獨出千古
開創一家謂天地俱有窮

也而寔無窮以其形皆大
圜故無起止無中邊最輕
清者爲天天體多重迴出
地外最重濁者爲地心恰
恰正在天中以其爲重濁
本所有形有質者皆附就

之此外上下四傍皆係輕
清重地不能就輕自不能
倒落一處論其成位則天
包火火包氣氣包水水包
上重重包裹人之肉目止
見水土二行不見氣火二

行徧地周遭皆人所居不得以地下之人與我脚底相對疑其有傾倒也攷圖証說歷歷可據斯亦奇矣揆厥所由西國有未經焚坑之書籍有遠遊窮海之

畸人其所聞見比世獨詳
然是編所摘猶是圖籍中
之百一卽彼國圖籍所紀
又是宇宙中之萬一而儌
詭瓌奇業已不可思議矣
又況自地而上窮無窮極

無極進之而虛空進之而天載函蓋之間更無差數可睹安能以人心分量彷彿測之夫睹九重宮闕嵬然煥然必非謂偶成也定由工師構之司空董之至

尊臨御之也方域至大其
位置馮生日新富有徧地
生齒各給其用各不相襲
此不可窺測造物主之全
能與賚重人類獨超萬物
之上哉既知造物主全能

則世惟一尊無可與並卽
生知安行之聖出有入無
之神不過全能中所造萬
類之一類而豈可以爝火
比太陽蹄涔並滄海乎惟
聖人見其然故凜凜昭事

畏天命對上帝暗室屋漏日監在茲不敢戲渝不敢怠荒此眞能知天事天質之東海西海不相謀而符節合者西士引人歸向天帝往往借事爲梯注述多

端皆有深意而是編則用悅耳娛目之玩以觸人之心靈言甚近指甚遠彼淺嘗者第認爲輶軒之雜錄博物之談資則還珠而買櫝者也

泌園居士楊廷筠

楊廷筠印

鄭圃居士

職方外紀序

泰西氏之始入中國也、其說謂天地萬物皆有造之者尊之曰天主其敬事在天之上人甚異之又畫爲輿地全圖凡

地之四周皆有國土中
國僅如掌大人愈異之
然其言天主則與吾儒
畏天之說相類以故奉
其教者頗多其言與地
則吾儒亦有地如卵黃

之說但不能窮其道里名號風俗物產如泰西氏所圖記要以茫茫堪輿俯仰無垠吾中國人耳目聞見有限自非絕域奇人躬履其地積年

累世何以得其詳悉之
若是乎昔張騫使西域
其足跡不能出葱嶺天
竺外元人窮河源亦至
崑崙而止我
朝陳誠鄭和踰流沙涉滄

瀛輶軒所記皆在方以
内琛球共貢之所及然
已足以見
明德之覆被遠矣今泰西
艾君乃復有職方外紀
皆吾中國曠古之所未

聞心思意想之所不到
夸父不能逐章亥不能
步者可謂抉扎之極觀
人間世之至弔詭矣而
其言皆鑿鑿有據非汪
洋謬悠如道家之諸天

釋氏之恒河須彌窮萬
刦無人至也泰西氏去
中國已九萬里自上古
未嘗通今艾君輩乃慕
義遠來獻其異書數十
種于

朝其視越裳之重譯獻雉不啻過之夫安知此後如外紀所臚列不有聞泰西之風接踵而至者乎是愈可以昭
聖治而暢聲教也此書刻

于淛中閩人多有索者
故艾君重梓之余爲書
其端如此

福唐葉向高書

職方外紀自序

造物主之生我人類於世也如進之大庭中令饗豐醼又娛歌舞之樂也嘗試仰觀天象而有日月五星列宿之麗則天似室廬列象似瑰寶之飾垣壁者然俯察地形而有山川草木之羅列芬芳則猶劇戲之當場者然其他空中飛鳥江海潛鱗地上百穀果實則集五齊八珍之薦列几筵者然則造物主之恩厚亦極矣胡爲乎人每日用不知若將謂固然宜然而曾莫究

其所以然也昔
神皇盛際
聖化翔洽無遠弗賓吾友利氏齎進萬國圖誌已
而吾友龐氏又奉繙譯西刻地圖之
命據所聞見譯爲圖說以
獻都人士多樂道之者但未經刻本以傳迨至
今上御極而民物重新駸駸乎王會萬方之盛矣
儒略不敏幸厠觀光旣慕前庥誠不忍其久而
湮滅也偶從蠹簡得覩所遺舊藳乃更竊取西

來所攜手軒方域梗槩爲增補以成一編名曰職方外紀私竊自哂殆不過如匠氏竹頭木屑之陳庖人蘋蘩蘊藻之獻優伶雜劇百戲之搬演無當大觀非關實學惟用以供有識臥游之助一則亦或者小有補云且夫士抱雅志將以周游四遠或爲采風問俗以弘教化或爲搜珍覓寶以充美觀或窮此疆爾界以察地形或訪聖賢名流以資師友或通有無貿遷以求羸羨或考尋方萬國山川形勝以證經傳子史之載

紀或探奇覽秀以富襟懷以開神智諸如此類
即有志焉而勢不無道里跋涉之勞舟車貲
費之經營以至寇賊風波意外之警又往往足
爲我虞矧人壽之幾何勢非假羽翮以翔遊或
莫能遍歷八荒以畢吾一生壯游之願也茲賴
後先同志出游寰宇合聞合見以成此書不出
户庭可以周知遐邇在創聞者固未免或駭爲
奇然而非奇實常或疑爲虛然而非虛皆實夫
惟造物主之神化無量是故五方萬國之奇詭

不窮倘一轉念思厥所繇返本還原徑固不遠

區區之愚良有見於此耳而淇園楊公雅相孚

賞又爲訂其蕪拙梓以行焉要亦契余不忘昔

者吾友芹曝自獻之夙志而代終有成所願共

戴天履地者既幸宅是庭饗是醲覩是樂因而

遡流窮源循末求本言念創設萬有一大主宰

而嘿然昭事之是惕則卮言醬牸庶其不貽說

鈴之誚乎若曰異聞異見姑以炫燿耳目則儒

者何人而敢於學海名區呈此伎倆是又與於

玩物喪志之甚者也

天啟三年歲在癸亥八月望日西海艾儒略識

職方外紀　自序　三

職方外紀小言

鄒子九州之說說者以爲閎大不經彼其言未足盡非也天地之際赤縣神州之外奚啻有九則見猶未隘方隅獨笑儒者未出門庭而一談絕國動輒言夷夏夷夏若謂中土而外盡爲侏離左衽之域而王化之所弗賓嗚呼是何言也吾夫子作春秋攘夷狄亦謂吳楚實周之臣而首奸王號故斥而弗與非謂凡在遐荒盡可夷狄擯之也試觀嵩高河洛古所謂天下之中耳自嵩高河洛而外皆四

夷也今其地曷嘗不受冠帶而祠春秋敦詩書而說禮樂何獨海外不然則亦見之未廣也嘗試按圖而論中國居亞細亞十之一亞細亞又居天下五之一則自赤縣神州而外如赤縣神州者且十其九而戔戔持此一方胥天下而盡斥爲蠻貉得無紛井鼃之誚乎曷徵之儒先曰東海西海心同理同誰謂心理同而精神之結撰不各自抒一精彩頗斷斷然此是彼非亦大踳矣且夷夏亦何常之有其人而忠信焉明哲焉元元本本焉雖遠在

殊方諸夏也若夫汶汶焉汨汨焉寡廉鮮恥焉雖
近在比肩夷狄也其可以地律人以華夷律地而
輕爲訾詆哉故愚謂茲刻之大有功于世道也不
但使規毫末者破蝸國之褊衷抑且令恣荒唐者
實恒沙之虛見如第以娛心志悅耳目也者小雖
上窮青冥亦山經穆傳之餘魂下極黃壚亦志怪
齊諧之賸馥而何以追玄造于生成荷神工于亭
毒幾幾不爲無益之談以度越鄒子也

後學海虞瞿式穀識

職方外紀小言

楊子法言曰吾寡見人之好遐者也邇文之視邇言之聽遐則偭焉曷芳兹之甚也好盡其心於聖人之道者君子也人亦有好盡其心矣未必聖人之道也多聞見而識乎正道者至識也多聞見而識乎邪道者迷識也迷莫迷於昧天西賢之條地規天專以導人敬天事天而所以辯乎非天之天者不一而足而無奈譊譊者天下皆訟也天下之亡聖也久矣呱呱之子各識其親譊譊之學各習

其師班固曰安其所習毀所不見終以自蔽此學者之大患也精而精之是在中矣天下有三好衆人好已從賢人好已正聖人好已師職方外紀似亦稗官小説要於衰奇譽異使人識造物主功化之無涯擴其所見不局於所未見而因以醒其錮習之遂以歸大正則不第多其見聞而已也人果盡心於知性知天曠斯光窒斯通隘斯宏散漫繁衍皆歸於宗如之何倚馬其遐而好盡心於邇也浩浩之海濟樓航之力也航人無楫如航何熒頭

曠枯糟莩曠沈楢埴索塗冥行而已矣故曰聖人聰明淵懿繼天測靈冠乎羣倫有以擬天地而參諸身乎哉問天地易簡而聖人法之何支離爲曰支離益所以爲簡易也撫我華而不食我實小知之師亦賊矣衆言淆亂折諸聖萬物紛錯懸諸天彼所謂敬天事天者赫赫乎日出之光羣目之用也渾渾乎聖人之道羣心之用也已簡已易焉支焉離

後學錢唐許胥臣識

奏疏計二本

大西洋國陪臣龐廸我等謹奏爲欽奉

聖旨事九月初二日該內靈臺官龐成等傳奉

聖旨發下印板圖畫二扇令臣等看詳回話欽此

欽遵臣與同伴陪臣熊三拔等看詳得圖畫

二扇係是臣國大西洋所刻萬國全圖原板

該是四扇今得二扇故爲未全如蒙

欽命容臣等照樣補完二扇上

進或將此全圖悉譯以

中國文字別爲一書尤便
御覽又臣國尚有刊刻萬國圖誌一冊其中各國
圖說至爲詳備又皆臣國人游學經商耳聞
目見並無鑿空駕造之說其書曾經臣等貢
獻
御前但皆西國文字未便觀覽臣伏蒙
聖恩豢養有年略通經書大義如蒙
欽命發下原書容臣等悉譯以
中國文字上塵

聖覽即四方萬國地形之廣袤國俗之善惡政治之得失人類之強弱物產之怪異一覽無遺非獨可以廣聞見抑亦可以裨
聖治矣臣等無任激切屏營之至爲此謹將原圖二扇略加分解開款于後謹具奏
聞

大西洋國陪臣龐廸我熊三拔等奏爲欽奉
聖旨事九月初二日該看時刻近侍龐成等傳奉
聖旨發下西洋印板萬國地海全圖二扇着令臣

等看詳已經回話訖續于本月初五日有麗
成等傳該
御茶房牌子魏學顏
御前請出原屏風二扇着臣等再變寫明白來欽
此欽遵思得臣國所刻萬國地海全圖原有
四扇今止得二扇謹將原屏風照式圖畫仍
補完中國圖及西南方國圖二扇共四扇皆
易以華文恐圖中書寫不明仍將各國政教
風俗土產之類另爲一篇列于下方以便

御覽謹裝爲四軸隨原屏風二扇一併上
進者臣自愧才質淺薄記問不多所譯文字大
段闕略如蒙
皇上幾務之暇欲得通知萬國情形則有萬國圖
志一册先年原係臣等貢獻
御前者其中所說至詳至備又皆臣國人游學經
商耳聞目見傳信之書並無鑿空駕造之説
臣等仰蒙
聖恩豢養有年略通經書大義似可翻譯成書臣

今外無副本倘
聖意必須詳備伏乞
發下原書容臣等備細變寫上塵
聖覽即四方萬國地形之廣狹風俗之善惡道術
之邪正政治之得失人類之强弱物產之怪
異具載無遺非徒可以廣見聞亦或少裨于
聖治而臣等蒙
恩日久得效絲髮之勞略解素餐之媿有餘榮矣
外象牙時刻晷一具或看日或看月看星皆

可測知時刻臣等學道餘閒頗習曆法二物
係臣等製造謹附進
御前以爲
皇上宵衣旰食之一助臣等無任戰悚恐懼之至
爲此今將原屏風二扇併新譯圖說四軸時
刻晷二具謹具本親齎奏
聞
萬曆四十年九月初二日該內靈臺看時刻近侍
龐成等傳奉

聖旨發下西洋印板萬國地海全圖二扇着令陪
臣龎廸我熊三拔等看詳已經回話訖續於
本月初五日該近侍龎成傳該
御茶房牌子魏學顔
御前請出原屏風二扇着陪臣龎廸我熊三拔等
再變寫明白來欽此

職方外紀首

西海　艾儒略　增譯
東海　楊廷筠　彙記

五大州總圖界度解

天體一大圜也地則圜中一點定居中心永不移動葢惟中心離天最遠之處乃爲最下之處萬重所趨而地體至重就下故不得不定居於中心稍有所移反與天體一邊相近不得爲最下處矣古賢有言試使掘地可通以一物縋下至地中心必

止其足底相對之方亦以一物縋下至地中心亦必止可見天圓地方乃語其動靜之德非以形論也地既圓形則無處非中所謂東西南北之分不過就人所居立名初無定準地度上與天度相應天有南北二極爲運動樞兩極相距之中界爲赤道平分天之南北其黃道斜與赤道相交南北俱出二十三度半日躔黃道一日約行一度自西而東爲宗動天所帶是以自東而西一日一週天平日下正交赤道際爲春秋二分規南出赤道二

十三度半爲冬至規北出赤道二十三度半爲夏至規黄道之樞與赤道之樞亦相離二十三度半其周天之度經緯各三百六十地既在天之中央其度悉與天同如赤道之下與南北二極之下各二十三度半也又二極二至規外四十三度也分爲五帶其赤道之下二至規以内此一帶者日輪常行頂上故爲熱帶夏至規之北至北極規冬至規之南至南極規此兩帶者因日輪不甚遠近故爲温帶北極規與南極規之内此兩帶者因日輪

止照半年故爲冷帶赤道之下終歲晝夜均平自
赤道以北夏至晝漸長有十二時之晝有一月之
晝有三月之晝直至北極之下則以半年爲一晝
矣往南亦然以南北距度考之其熱不得不然也
其在東西同帶之地凡南北極出入相等者晝夜
寒暑節氣俱同但其時則有先後或差一百八十度
則此地爲子彼地爲午或差九十度則此地爲子
彼處爲卯餘可類推也人居赤道之下者平望南
北二極離南往北每二百五十里則北極出地一

度南極入地一度行二萬三千五百里則見北極正當人頂出地九十度而南極入地九十度正對人足矣從南亦然此南北經度也至于東西緯度則天體轉環無定不可據七政量之隨方可作初度而天文家又立一法算之以宗動天一周則日月行三百六十度故每時得三十度如兩處相差一時則東西便離三十度也今兩處觀月食各自不同則知差一時者其地方相離三十度以此推之東西之度可考驗矣或但以里數考之古來地

理家俱從西洋最西處爲初度卽以過福島子午規爲始彷天度自西而東十度一規以分東西之度故畫圖必先畫東西南北之規後考本地離赤道之南北福島之東西幾何度數乃置本地方位譬如中國京師先知離赤道以北四十度離福島以東一百四十三度卽于兩經緯線相交處得京師本位也但地形旣圓則畫圖于極圓木毬方能肖像如畫于平面則不免或直剖之爲一圖或橫剖之爲兩圖故全圖設爲二種一長如卵形南北

極居上下赤道居中一圜如盤形南北極爲心赤道爲界又于二全圖外另各設爲一圖曰亞細亞曰歐邏巴曰利未亞曰亞墨利加也而墨瓦蠟尼加則國土未詳圖不另立云圖中南北規規相等皆以二百五十里爲一度赤道之度亦然其離赤道平行東西諸規則漸近兩極者其規漸小然亦分爲三百六十度其里數以次漸狹別有算法今畫圖爲方者其畫線不免于稍變畢竟惟圓形之圖乃得其眞也

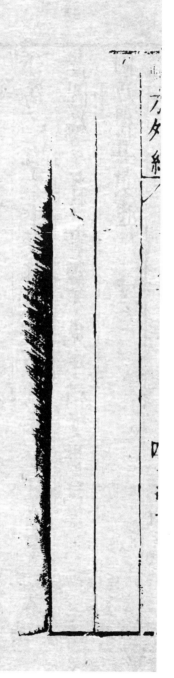

職方外紀亞細亞卷一

西海艾儒略增譯　東海楊廷筠彙記

亞細亞者天下一大州也人類肇生之地聖賢首出之鄉其地西起那多理亞離福島六十二度東至亞尼俺峽離一百八十度南起爪(音檛)哇在赤道南十二度北至冰海在赤道北七十二度所容國土不啻百餘其大者首推中國此外曰韃而靼曰回回曰印弟亞曰莫卧爾曰百兒西亞曰度兒格曰如德亞並此州鉅邦也海中有鉅島曰則意蘭

日蘇門答剌曰爪哇曰渤泥曰呂宋曰馬路古更
有地中海諸島亦屬此州界内中國則居其東南
自古帝王立極聖哲遞興聲名文物禮樂衣冠之
美與夫山川土俗物產人民之富庶遠近所共宗
仰其北極出地之度南起瓊州出地一十八度北
至開平等處出地四十二度從南涉北共得二十
四度經六千里東西大抵略同其距大西洋路幾
九萬開闢來始相通但海外傳聞尊稱之爲大知
納近百年以來西船往來貿遷始闢其途而文耶

穌會中諸士幸復遍歷觀光益習中華風土今欲揄揚萬一則一統志諸書舊已詳盡至中華朝貢屬國如韃靼西番女直朝鮮琉球安南暹羅眞臘之類俱悉一統志中亦不復贅故略撮職方之所未載者于左

韃而靼

中國之北迤西一帶直抵歐邏巴東界俱名韃而靼其地江河絶少平土多沙大半皆山大者曰意貌中分亞細亞之南北其北皆韃而靼種也氣候

極寒冬月無雨入夏微零僅濕土而已人性好勇以病歿爲辱人罕得遍歷其地亦無文字相通故未悉其詳然大率少城郭居室駕屋於車以便遷徙產牛羊駱駝嗜馬肉以馬頭爲絕品貴者方得噉之道行飢渴即刺所乘馬瀝血而飲復嗜酒以一醉爲榮國俗大都如此更有殊異不倫如夜行晝伏身蒙鹿皮懸尸於樹喜食蛇蟻蜘蛛者有人身羊足氣候寒極夏月層冰二尺者有長人善躍一躍三十丈履水如行陸者有人死不葬以鐵索掛

屍於樹者有父母將老即殺食之以爲念親之恩必葬於腹而不忍委之丘隴者此皆韃而靼東北諸種也迤西舊有女國曰亞瑪作搦最驍勇善戰嘗破一名都曰厄弗俗即其地建一神祠宏麗奇巧殆非思議所及西國稱天下有七奇此居其一國俗惟春月容男子一至其地生子男輒殺之今亦爲他國所併存其名耳又有地曰得白得不以金銀爲幣止用珊瑚至大剛國惟屑樹皮爲餅如錢印王號其上以當幣其俗國主死後輿棺往塟

道逢人輒殺之謬謂死者可事其主也嘗有一王會葬殺人以萬計者此皆韃而靼西北諸種也

回回

中國之西北出嘉峪關過哈密土魯番曰加斯加爾多高山產玉石二種出水中者極美出山石中者以薪火燒石迸裂乃鑿取之甚費工力牛羊馬畜極多因不啖豕諸國無豕自此以西曰撒馬兒罕曰革利哈大驛曰加非爾斯當曰杜爾格斯當曰查理曰加木爾曰古查曰蒲加刺得皆回回諸

國也其人多習武若商旅防寇非聚數百不可行
亦有好學好禮者初宗馬哈默之教諸國多同後
各立門戶互相排擊持戒亦有數端其大者在不
得辯論教中事謂教如此立則當冥心順受雖理
有未安弗顧也

印弟亞

中國之西南曰印弟亞即天竺五印度也在印度
河左右國人面皆紫色其南土曉天文頗識性學
亦善百工技巧無筆札以錐畫樹葉爲書國王之

統例不世及以姊妹之子爲嗣親子弟給祿自膳男子不衣衣僅以尺布掩臍下女人有以布纏首至足者其俗士農工賈各世其業最貴者曰婆羅門次曰乃勒大抵奉佛多設齋醮今沿海諸國與西客往來者亦率奉天主正教其地有加得山中分南北南半則山川氣候鳥獸蟲魚艸木之屬無不各極詭異其地自立夏以至秋分無日不雨反是則片雲不合酷暑難堪惟日有凉風解之其風自巳至申從海西來自亥至寅從陸東來艸木異

于常者不可屈指西友鄧儒望嘗游其國獲覩艸木生平未嘗見者至五百餘種其所產木以造舟極堅永不破壞多產椰樹為天下第一良材幹可造舟車葉可覆屋實能療飢漿能止渴又可為酒為醋為油為飴糖堅處可削為釘殼可盛飲食瓢可索綯種一木而一室之利畢賴之矣又有二奇木其一名陰樹花形如茉莉旦晝不開至夜始放而晨盡落地矣國人好臥于樹下至蚤花覆滿身其一木不花而實人不可食其枝飄揚下垂附地

便生根若柱如是歲久結成巨林國人蔭其下無
異屋宇至有容千人者其樹之中近原幹處則以
供佛名菩薩樹鳥類最多有巨鳥吻能解百毒國
中甚貴之一吻直金錢五十地產象異於他種能
識人言土人或命負物至某地往輙不爽他國象
遇之則蹲伏有獸名獨角天下最少亦最奇利未
亞亦有之額間一角極能解毒此地恒有毒蛇蛇
飲泉水水染其毒人獸飲之必死百獸在水次雖
渴不敢飲必俟此獸來以角攪其水毒遂解百獸

始就飲焉勿搦祭亞國庫云有兩角稱爲國寶又有獸形如牛身大如象而少低有兩角一在鼻上一在頂背間全身皮甲甚堅銃箭不能入其甲交接處比次如鎧甲甲面舉硎如鯊皮頭大尾短居水中可數十日從小豢之亦可馭百獸俱懾伏尤憎象與馬偶值必逐殺之其骨肉皮角牙蹄糞皆藥也西洋俱貴重之名爲罷達或中國所謂麒麟天祿辟邪之類其貓有肉翅能飛蝙蝠大如貓蛇種類極多大半俱毒地勢爲三角形末銳處濶不

百步東西氣候無不各極相反此晴則彼雨此寒則彼熱此風濤蔽天則彼穩如平地矣故海船有乘順風而過者至銳處則行如拔山此南印度之尤異也

莫臥爾

印度有五惟南印度尚仍其舊餘四印度皆爲莫臥爾併矣莫臥爾之國甚廣分爲十四道象至三十餘隻迄百年內吞併鄰國甚多嘗攻西印度其西印度王統兵五十萬馬十五萬象二百每象負

一木臺容人可二十又載銃千門其大者四門每門駕牛二百又盛載金銀滿五十巨甖以禦之不勝盡爲莫臥爾王所獲又東印度有大河名安日國人謂經此水一浴所作罪業悉得消除五印度之人咸往沐浴冀得滅罪生天也其東近滿剌加處國人各奉四元行之一死後各用本行葬其屍如奉土者入土奉水火者投水火至奉氣者則懸掛尸於空中亦大異也

百爾西亞

印度河之西有大國曰百爾西亞太古生民之始人類聚居言語惟一自洪水之後機智漸生人心好異即其地創一高臺欲上窮天際天主憎其長傲遂亂諸人之語音爲七十二種各因其語散厥五方至今其址尚在名曰罷百爾譯言亂也謂亂天下之言也百爾西亞之初爲罷鼻落你亞幅幀甚廣都城百二十門乘馬疾馳一日未能周也國中有一苑囿造於空際下以石柱擎之上承土石凡樓臺池沼艸木鳥獸之屬無不畢具大復踰於

一色天下七奇此亦一也後其國爲百爾西亞所併遂稱今名至今强大國主嘗建一臺純以所殺回回頭顱之臺成髑髏幾五萬廿年前其國主好獵一圍獲鹿至三萬欲侈其事亦聚其角爲臺今尚存也又東近撒馬兒罕界一塔皆以黄金鑄成上頂一金剛石如胡桃光夜照十五里其地江河極大有一河發水水所及處卽生各種名花南有島曰忽魯謨斯在赤道北三十七度其地悉是鹽否則硫黄之屬艸木不生鳥獸絕跡人著皮履遇

雨過履底一日輒敗多地震氣候極熱人須坐臥水中沒至口方解又絕無淡水勺水亦從海外載至其艱如此因其地居三大州之中凡亞細亞歐邏巴利未亞之富商大賈多聚此地百貨駢集人烟輻輳凡海內極珍奇難致之物往輒取之如寄土人嘗言天下若一戒指此地則戒指中之寶物也

度爾格

百爾西亞西北諸國皆爲度爾格所併內有國曰

亞剌比亞中有大山名西乃上古之世天主垂訓下民召一聖人美瑟於此山賜以十誡著於石版左板三戒右板七戒今所傳十誡是也土產金銀極精亦多寶石地在二海之中氣候常和一歲再熟有樹如橡栗夜露墜其上即凝爲蜜晨取食之極甘美更產百物俱豐自古稱爲福土其地有沙海廣二千餘里沙乘大風如浪行旅過之偶爲沙湨所壓倏忽上成丘山凡欲渡者須以羅經定方向測道理又須備粮糗及兼旬之水乘以駱駝

行甚疾可日馳四五百里又耐渴一飲可度五六日其腹容水甚多客或乏水則剖駝飲其腹中水

傳聞有鳥名弗尼思其壽四五百歲自覺將終則聚乾香木一堆立其上待天甚熱搖尾燃火自焚矣骨肉遺灰變成一蟲蟲又變爲鳥故天下止有一鳥而已西國言人物奇異無兩者皆謂之弗尼思云其西北舊有瑣奪焉古極富厚名於西土因恣男色之罪天主降之重罰命天神下界止導一聖德士名落得者及其家人出疆遂降火盡焚其

國至今小石遇火即燃臭惡不可近產一果如橘柚形色鮮妍可玩破之則臭煙而已其地有一海長四百里廣百里水味極鹹性凝結不生波浪嘗湧大塊如松脂不能沉物雖用力按抑不能入曾有國王異之往觀命人沉水試之終不可入海色一日屢變日光炫燿文成五色因其不生水族故命曰死海度兒格之西北曰那多理亞國有山多瓊石國人嘗往鑿之至一石穴見石人無筭皆昔時避亂之民穴居於此死後為寒氣所凝漸化為

石其地西界歐邏巴處中隔一海寬五里許昔有一名王曰失爾塞者造一跨海石梁通連兩地今爲風浪衝擊亦崩頹矣又有地名際剌產異羊羊之㲣輕細無比雨中衣之略不沾濡即漬以油毫不汚染也一種異犬性好竊衣履巾帨之屬稍不愼輒爲竊匿矣有山生草木皆香過之則香氣馥郁襲人衣裾

如德亞

亞細亞之西近地中海有名邦曰如德亞此天主

開闢以後肇生人類之邦天下諸國載籍上古事蹟近者千年遠者三四千年而上多茫昧不明或異同無據惟如德亞史書自初生人類至今將六千年世代相傳及分散時候萬事萬物造作原始悉記無訛諸邦推爲宗國地甚豐厚人烟稠密是天主生人最初賜此沃壤其國初有大聖人曰亞把剌杭約當中國虞舜時有孫十二人支族繁衍天主分爲十二區厥後生育聖賢世代不絕故其人民百千年間皆純一敬事天主不爲異端所惑

其國王多有聖德乃天主之所簡命也至春秋時
有二聖王父曰大味得子曰撒刺滿嘗造一天主
大殿皆金玉砌成飾以珍寶窮極美麗其費以三
十萬萬其王德絕盛智絕高聲聞最遠中國所傳
謂西方聖人疑即指此也此地從來聖賢多有受
命天主能前知未來事者國王有疑事必從決之
其聖賢竭誠祈禱以得天主默啟其所前知悉載
經典後來無不符合經典中第一大事是天主降
生救拔人罪開萬世升天之路頗說甚詳後果降

生於如德亞白德稜之地名曰耶穌譯言救世主也在世三十三年教化世人所顯神靈聖蹟甚大且多如命瞽者明聾者聽瘖者言跛者行病者起以至死者生之類不可殫述有宗徒十二人皆耶穌縱天之能不假學力即通各國語言文字其後耶穌肉身升天諸弟子分散萬國闡明經典宣揚教化各著神奇事蹟亦能令病者即愈死者復生又能驅逐邪魔緣此時天下萬國大率為邪魔誘惑不遵天主正教妄立邪主各相崇奉其所奉像

又諸國不同不止千萬自天主降生垂教乃始曉
悟眞理絕其向所所崇信惡教而敬信崇向於一天
主焉所化國土如德亞諸國爲最先延及歐邏巴
利未亞大小千餘國歷今千六百餘年來其國皆
久安長治其人皆忠孝貞廉男女爲聖爲賢不可
勝數茲爲畧述教中要義數端一曰天地間至尊
至大爲人物之眞主大父者止有其一不得有二
一者即天主上帝而已其全智全能全善浩無窮
際萬神人物皆爲天主所所造又恒賴其保持安養

凡人禍福修短皆其主宰故吾人所當敬畏愛慕者獨有一天主也此外或神或人但能教人純一以事天主卽爲善人吉神若以他道誘人求福免禍是僭居天主之位而明奪其權也其爲凶神惡人無疑崇信祭祀此類者不免獲罪一日天地間惟一天主爲眞主故其聖教獨爲眞教從之則令人行眞善而絕不爲惡可升天堂永脫地獄若他教乃是人所建立斷未有能行眞善免罪戾而升天堂脫地獄者一日人有形軀有靈魂形軀可滅

靈魂不可滅人在世時可以行善可以去惡一至
命終人品已定永不轉移天主於時乃審判而賞
罰之其人純一敬事天主及愛人如已必升天叅
配天神及諸聖賢受無窮真福若不愛信天主違
犯教戒者必墮地獄永受苦難也其苦樂永永無
改更無業盡復生爲人及輪廻異類等事故實欲
升天堂脫地獄只在生前實能爲善去惡無他法
也一日人犯一切大小過惡皆得罪於天主者也
故惟天主能赦宥之非神與人所能赦亦非徒誦

念徒施舍所能贖也今人生孰能無過欲求赦宥必須深悔前非勇猛遷改故初入教先悔罪有拔地斯摩之禮既重犯求解罪有恭棐桑之禮遵依聖教守戒祈求必獲赦宥不然一生罪過無法可去地獄無法可脫也所以教中要義望人真能改過遷善以獲赦免而享升天真福自有專書備論云如德亞之西有國名達馬斯谷產絲綿羢罽刀劒顏料極佳城有二層不用磚石是一活樹糾結無隙甚厚而高峻不可攀登天下所未有也土人

製一藥甚良名的里亞加能治百病尤解諸毒有試之者先覓一毒蛇咬傷毒發腫脹乃以藥少許嚥之無弗愈者各國甚珍異之

則意蘭 以下皆海島

印弟亞之南有島曰則意蘭離赤道北四度人自幼以環繫耳漸垂至肩而止海中多珍珠江河生猫睛昔泥紅金剛石等山林多桂皮香木亦產水晶嘗琢成棺以斂死者相傳爲中國人所居今房屋殿宇亦頗相類西有小島總名馬兒地襪不下

數千悉爲人所居海中生一椰樹其實甚小可療諸病

蘇門答剌 一名須文達那

蘇門答剌地度十餘度跨於赤道之中至濕熱他國人至者多病君長不一其地產金甚多向稱金島亦產銅鐵錫及諸色染料有大山有油泉可取爲油多沉香龍腦金銀香椒桂人强健習武恒與敵國相攻殺多海獸海魚時登岸傷人其東北滿剌加國地不甚廣而爲海商輻輳之地正居赤道

下春秋二分正當於人頂氣候極熱賴無日不雨
故人可居之產象及胡椒多佳果木終歲不絕人
良善不事生業或彈琵琶閒游而已

瓜哇

瓜哇大小有二俱在蘇門答剌東南離赤道南十度
海島各自有主多象無馬騾僅產香料蘇木象牙
之屬不用錢以胡椒及布為貨幣人好寃咒急好
作魘魅妖術諸國每爭白象即治兵相攻擊爭白
象者白象所在即為盟主也

渤泥

渤泥島在赤道下出片腦極佳以燃火沉水中火不滅直焚至盡有獸似羊似鹿名把雜爾其腹中生一石能療百病西客極貴重之可至百換國王籍以爲利

呂宋

廣州之東南爲呂宋其地產一鷹有鷹王飛則衆鷹從之或得食獸俟鷹王先取其睛然後羣鷹方啖其肉又有一樹百獸不得近之一過其下即斃

矣

馬路古

呂宋之南有馬路古無五穀出沙谷米是一木磨粉而成產丁香胡椒二樹天下絕無惟本處折枝揷地即活性最熱祛濕氣與水酒同貯旋即吸乾樹傍不生他艸土人欲除艸萊惟折其枝揷地艸立槁矣又產異羊牝牡皆有乳有大龜一殼可容一人或用爲盾以禦敵

地中海諸島

亞細亞之地中海有島百千其大者一曰哥阿島曩國人盡患疫內有名醫名依卜加得不以藥石療之令城內外遍舉大火燒一晝夜火息而病亦愈矣蓋疫爲邪氣所侵火氣猛烈能盪滌諸邪邪盡而疾愈亦至理也一曰羅得島天氣常清明終歲見日無竟日陰霾者其海畔嘗鑄一鉅銅人高踰浮屠海中築兩臺以盛其足風帆直過跨下其一指中可容一人直立掌托銅盤夜燃火於內以照行海者鑄十二年而成後爲地震而崩國人運

其銅以駱駝九百隻往負之一日際波里島物產極豐每歲國賦至百萬葡萄酒極美可度八十年又出火浣布是煉石而成非他物也地熱少雨甞連晴三十六年土人散往他國今稍稍湊集矣

職方外紀卷一　終

職方外紀歐邏巴卷二

西海艾儒略增譯　東海楊廷筠彙記

天下第二大州名曰歐邏巴其地南起地中海北極出地三十五度北至冰海出地八十餘度南北相距四十五度徑一萬一千二百五十里西起西海福島初度東至阿比河九十二度徑二萬三千里共七十餘國其大者曰以西把尼亞曰拂郎察曰意大里亞曰亞勒馬尼亞曰法蘭得斯曰波羅尼亞曰翁加里亞曰大尼亞曰雲除亞曰諾勿惹

亞曰厄勒祭亞曰莫斯哥未亞其地中海則有甘
的亞諸島西海則有意而蘭大諳厄利亞諸島云
凡歐邏巴州内大小諸國自國王以及庶民皆奉
天主耶穌正教纖毫異學不容竄入國主互爲婚
姻世相和好財用百物有無相通不私封殖其婚
娶男子大約三十女子至二十外臨時議婚不預
聘適國之中皆一夫一婦無敢有二色者土多肥
饒產五穀來麥爲重果實更繁出五金以金銀銅
鑄錢爲幣衣服蠶絲者有天鵝絨織金段之屬羊

羢者有毯罽鎖哈剌之屬又有苧蔴之類名利諾者爲布絕細而堅輕而滑大勝棉布敝則可搗爲紙極堅韌今西洋紙率此物君臣冠服各有差等相見以免冠爲禮男子二十已上槩衣青色兵士勿論女人以金寶爲飾服御羅綺佩帶諸香至四十及未四十而寡者卽屏去衣素衣酒悉以葡萄釀成不雜他物其酒可積至數十年當生子之年釀酒至兒年三十娶婦時用之酒味愈美諸種不同無葡萄處或用麥釀之其膏油之類味美而

用多者曰阿利襪是樹頭之果熟後即全爲油其生最繁又易長平地山岡皆可栽種國人以法制之最饒風味食之齒頰生津在橄欖馬金囊之上其核又可爲炭滓可爲鹼葉可食牛羊凡國人所稱貲產蓄大小麥第一葡萄酒次之阿利襪油又次之蓄牛羊者爲下其國俗雖多酒但會客不以勸飲爲禮偶犯醉者終身以爲訴辱飲食用金銀玻璃及磁器天下萬國坐皆席地惟中國及歐邏巴諸國知用椅卓其屋有三等最上者純以石砌

其次磚爲牆柱木爲棟梁其下土爲牆木爲梁柱石屋磚屋築基最深可上累六七層高至十餘丈地中亦有一層既可窨藏亦可除濕瓦或用鉛或輕石板或陶瓦凡磚石屋皆歷千年不壞牆厚而實外氣難通冬不寒而夏不溽其工作如木工石工畫工塑工綉工之類皆頗知度數之學製造備極精巧凡爲國工者皆考選用之其駕車國王用八馬大臣六馬其次四馬或二馬乘載騾馬驢互用戰馬皆用牡騸過則弱不堪戰矣又良馬止飼

大麥及稗不雜他艸及豆食豆者足重不可行此
歐邏巴飲食衣服宮室制度之大略也
歐邏巴諸國皆尚文學國王廣設學校一國一郡有大學中學一邑一鄉有小學小學選學行之士爲師中學大學又選學行最優之士爲師生徒多者至數萬人其小學曰文科有四種一古賢名訓一各國史書一各種詩文一文章議論學者自七八歲學至十七八學成而本學之師儒試之優者進於中學曰理科有三家初年學落日加譯言辯

是非之法二年學費西加譯言察性理之道三年學默達費西加譯言察性理以上之學總名斐録所費亞學成而本學師儒又試之優者進於大學乃分爲四科而聽人自擇一曰醫科主療病疾一曰治科主習政事一曰教科主守教法一曰道科主興教化皆學數年而後成學成而師儒又嚴考閲之凡試士之法師儒羣集於上生徒北面於下一師問難畢又輪一師果能對答如流然後取中其試一日止一二人一人遍應諸師之問如是取

中便許任事學道者專務化民不與國事治民者秩滿後國王遣官察其政績詳訪于民間凡所爲聽理詞訟勸課農桑興革利弊育養人民之類皆審其功罪之實以告於王而黜陟之凡四科官祿入皆厚養廉有餘尚能推惠貧乏絕無交賄行賂等情其諸國所讀書籍皆聖賢撰著從古相傳而一以天主經典爲宗即後賢有作亦必合于大道有益人心乃許流傳國內亦專設檢書官看詳群書經詳定訖方准書肆刊行故書院積書至數千

萬卷毋容一字蠱惑人心敗壞風俗者其都會大地皆有官設書院聚書於中日開門二次聽士子入內抄寫誦讀但不許攜出也又四科大學之外有度數之學曰瑪得瑪第加亦屬斐錄所科內此專究物形之度與數度其完者以爲幾何大數其截者以爲幾何多二者或脫物而空論之則數者立筭法家度者立量法家或體物而偕論之則數者在音相濟爲和立律呂家度者在天迭運爲時立曆法家此學亦設學立師但不以取士耳此歐

邏巴建學設官之大略也

歐邏巴國人奉天主正教在遵持兩端其一愛敬天主萬物之上其一愛人如己愛敬天主者心堅信望仁三德而身則勤行瞻禮工夫其瞻禮殿堂自國都以至鄉井隨在建立復有掌教者專主教事人皆稱爲神父俱守童身屏俗緣純全一心敬事天主化誘世人其殿堂一切供億皆國王大臣民庶轉輸不絕國人羣往歸焉每七日則行公共瞻禮名曰彌撒此日百工悉罷通國上下往焉聽

掌教者講論經典勸善戒惡女婦則另居一處聽講男女有別其愛人如已一是愛其靈魂使之爲善去惡盡享生天之福二是愛其形軀如我不慈人天主亦不慈我故歐邏巴人俱喜施捨千餘年來未有因貧鬻子女者未有飢餓轉溝壑者在處皆有貧院專養一方鰥寡孤獨處其中者又各有業雖殘疾之人亦不廢如瞽者運手足痺者運耳目各有攸當務使曲盡其才而不爲天壤之廢物又有幼院專育小兒爲貧者生兒舉之無力殺之

有罪故特設此院令人撫育以全兒命其族貴而家貧者恥于送子入院更有兩全之法其院穴牆以設轉盤內外隔絕不相見送兒者乘人不見置兒盤中扣牆則院中人轉兒入矣其曾領洗與否皆明記兒胸與時父母復欲收養則按所入之年月便得其子又有病院大城多至數十所有中下院處中下人有大人院處貴人凡貴人若羈旅若使客偶患疾病則入此院院倍美于常屋所需藥物悉有主者掌之預備名醫日與病者診視復有

衣衾帷幔之屬調護看守之人病愈而去貧者量給資斧此乃國王大家所立或城中人併力而成月輪一大貴人總領其事凡藥物飲食皆親自驗視之各城邑遇豐年多積米麥飢歲以常價糶之如所謂常平倉者人遇道中遺物或獸畜之類必覓其主還之弗得主則養之國中每年數日定一公所認識遺畜失者與得者偕來會集如遇原主則聽其領去如終弗得主則或宰肉或賣價以散貧人若拾金銀寶物則書于天主堂門外令人來

識先令預言其狀如一一符合即以還之不得王
亦散于貧乏之國中又有天理堂選盛德弘才無求
于世者主之凡國家有大舉動大征伐必先質之
此堂問合天理與否擬以爲可然後行之國人病
危悔過祈赦則分析產業遺一分爲仁用或以救
貧乏或以助病院或以贖敵國所虜或以修飾天
主殿庭一切仁事悉從病人之意遺于子孫謂子
孫之財遺於仁用謂已靈魂之財其聖教中人更
有慕道最深拋棄世間福樂或避居於山谷或

聖人聖女所立之會而畢世修持者其入會須發三誓一守貞以絕色一安貧以絕財一從命以絕意凡歐邏巴諸國從十六七歲願入會中矢守童身者自國王大臣宗室以下男女不可勝紀其女子入會後惟父母至戚得往見之餘絕不相交接其會中居室原極弘敞亦自不碍遊息也其男子入會例有多端有專自脩不務化人者有務化人不能遠游者又有化人而欲及天下者此則離本國捐朋友棄親戚遍歷遐方其視天下犹一家視

天下人猶一體不辭險阻艱辛雖焚人炙人之地亦身歷焉惟祈普天之下皆識眞主而救其靈魂升天以畢素志此歐邏巴敬天愛人之大畧也

歐邏巴諸國賦稅不過十分之一民皆自輸無徵比催科之法詞訟極簡小事里中有德者自與和解大事乃聞官府官府聽斷不以己意裁決所憑法律條例皆從前格物窮理之王所立至詳至當官府必設三堂詞訟大者先訴第三堂不服告之第二堂又不服告之第一堂終不服則上之國堂

經此堂判後人無不聽於理矣訟獄皆據實誣告則告者與證見即以所告之罪坐之若告者與訴者指言證見是仇或生平無行或嘗經酒醉即不聽爲證者凡官府判事除實犯眞贓外亦不先事加刑必俟事明罪定招認允服然後刑之官亦始終不加罵詈即詞色略有偏向訟者亦得執言不服改就他官聽斷焉吏胥飯廩雖亦出于詞訟但因事大小以爲多寡立有定例刑布署前不能多取故官府無恃勢剝奪吏胥無舞文詐害此歐邏

巴刑政之大略也

封内雖無戰鬭其有邪教異國恃强侵侮不可德馴如大剛國度爾格等者本國除常設兵政外又有世族英賢智勇兼備者嘗以數千人結爲義會大抵一可當十皆以保國護民爲志其初入會者試果不憚諸艱方始聽入焉會在地中海馬兒達島長者王之遇警則鳩集成師而必能滅寇成功他國亦有别會俱彷彿乎此即國王亦有與其會者此又歐邏巴武備之大略也

以西把尼亞

歐邏巴之極西曰以西把尼亞南起三十五度北至四十度東起七度西至十八度周一萬二千五百里疆域徧跨他國世稱天下萬國相連一處者中國爲冠若分散於他域者以西把尼亞爲冠以西把尼亞本地三面環海一面臨山山曰比勒搦何產駿馬五金絲綿細絨白糖之屬國人極好學有共學在撒辣蔓加與亞而加辣二所遠近學者聚焉高人輩出著作甚富而陡祿日亞與天文之

學尤精古一名賢曰多斯達篤者居俾斯玻之位著書最多壽僅五旬有二所著書籍就始生至卒計之每一日當得三十六章每章二千餘言盡屬奥理後人繪彼像兩手各持一筆章其勤敏也又有一王名亞豐肅者好天文曆法精研諸天之運列宿之躔撰成曆學全書世傳歲差本原皆其考定製爲一定圖象爲今曆家大用又將國典分門定類爲七大部法紀極備復取天主古今經籍有註疏者不下千餘卷遍閱至十有四次又纂本國

自古史書夫旣身親國政又傍及著述種種如此
後世稱曰賢者之王宜矣此國人自古虔奉天主
聖教最忍耐又剛果且善遠游海上曾有遶大地
一周者國中有二大名城一曰西未利亞近地中
海爲亞墨利加諸舶所聚金銀如土奇物無數又
多阿利襪果有一林長五百里者一名多勒多城
在山之巔取山下之水以供山上其運水甚艱近
百年內有巧者製一水器能盤水直至山城而絕
不賴人力其器晝夜自能轉動也又有渾天象其

大如屋人可以身入於其中見各重天之運動其度數皆與天合相傳製此象者注想十七年造作三年曾未重作一輪其境內有河曰寡第亞納伏流地中百餘里穹窿若橋梁其上爲牧場畜牛羊無算有塞惡未亞城之井泉遙從遠山遞水架一石梁梁上作水道擎以石柱綿亘數十里又一都城悉皆火石砌成故本國有言以西把尼亞有三奇有一橋萬羊牧其上有一橋水流其上有一城以火爲城池也國中奉天主之堂雖多而最著者

有三一以奉雅歌默聖人爲十二宗徒之一首傳聖教於此國國人尊爲大師大保主四方萬國之人多至此瞻禮一在多勒多城創建極美中有金寶祭器不下數千有一精巧銀殿高丈餘濶丈許內有一小金殿高數尺其工費又皆多于本殿金銀之數其黃金乃國人初通海外亞墨利加所携來者貢之于王王用以供天主耶穌者近來國主又造一瞻禮大堂高大奇巧無比修道之士環居焉其內可容三國之王水泉四十餘處堂前有古

王像六位每位高一丈八尺乃黑白玉琢成者堂内有三十六祭臺中臺左右有編簫二座中各有三十二層每層百管管各一音合三千餘管凡風雨波濤謳吟戰鬬與夫百鳥之聲皆可模倣真奇物也又有書堂濶三十步長一百八十五步周列諸國經典書籍種種皆備即海外額勒濟亞國之古書亦以海船載來貯於此處其地原係曠野山林後因造此堂鳩工住集七年遂成一城云以西把尼亞屬國大者二十餘中下共百餘其在最西

者曰波爾杜瓦爾分爲五道向有本王後因乏嗣以西把尼亞之君係其昆仲乃權署其國事焉其境内大河曰得若經都城里西波亞入海故四方商舶皆聚都城爲歐邏巴總會之地也土産果實絲綿極美水族亦繁所出土産葡萄酒最佳即過海至中國毫不損壞國中共學二所曰阨物辣曰哥應拔其講學名賢曾經國王所聘雖已輟講亦終身給祿不絕歐邏巴高士多出此學近有耶穌會士蘇氏著陡祿日亞書最精最廣超數百年名

賢之上其德更邁於文國都又有一地界兩河間周圍僅七百里而高士聚會修道之所有一百三十處又有天主堂一千四百八十所水泉二萬五千大方石橋二百通海大市六處由此可見其地之豐厚也侯家苑囿有周數十里者各種禽獸充物其中異國名王過其地者往射獵焉隨處立有仁會遍恤孤寡煢獨或給衣食或助貨賄或保護其家或瘞死者商船至或有死而無主者則為收其行李訪其親戚還之種種仁事他國雖各有會

莫如此中之盛此外國王隨處遣官專撫恤孤子理其家產廣其生殖長則還所有且增益焉歐邏巴初通海道周經利未亞過大浪山抵小西洋而至中國貿遷者從此國始詳見別紀

拂郎察

以西把尼東北爲拂郎察南起四十一度北至五十度西起十五度東至三十一度周一萬一千二百里地分十六道屬國五十餘其都城名把理斯設一共學生徒嘗四萬餘人併他方學共有七所

又設社院以教貧士一切供億皆王主之每士計費百金院居數十人共五十五處中古有一聖王名類斯者恐回回佔據如德亞地初興兵伐之始制大銃因其國在歐邏巴内回回遂槩稱西土人爲弗郎機而銃亦沿襲此名是國之王天主特賜寵異自古迄今之主皆賜一神能以手撫人瘰癧應手而愈至今其王每歲一日療人先期齋戒三日凡患此疾者遠在萬里之外預畢集天主殿中國王舉手撫之祝曰王者撫汝天主救汝撫百人

百人愈撫千人千人愈其神異如此國王元子別有土地供其祿食不與一小王他國不爾也國土極膏腴物力豐富居民安逸有山出石藍色質脆可鋸爲板當瓦覆屋國人性情溫爽禮貌周全尚文好學都中梓行書籍繁盛甚有聲聞又奉教甚篤所建瞻禮天主與講道殿堂大小不下十萬初傳教於此國者原係如德亞國聖人辣雜琭乃當時已死四日蒙耶穌恩造命之復活卽此人也

意大里亞

拂郎察東南為意大里亞南北度數自三十八至四十六東西度數自二十九至四十三周圍一萬五千里三面環地中海一面臨高山名牙而白又有亞伯尼諸山橫界於中地產豐厚物力十全四達之人輻輳於此舊有一千一百六十六郡其最大者曰羅瑪古為總王之都歐邏巴諸國皆臣服焉城周一百五十里地有大渠名白地白里穿出城外百里以入於海四方商舶悉輸珍寶駢集此渠自古名賢多出此地曾建一大殿圜形寬大壯

麗無比上爲圓頂悉用磚石磚石之上復加鉛板當尾頂之正中鑿空二丈餘以透天光顯其巧妙供奉諸神於內此殿至今二千餘年尚在也耶穌升天之後聖徒分走四方布教中有二位一伯多琭一寶祿皆至羅瑪都城講論天主事理人多信從此二聖之後又累有盛德之士相繼闡明至於總王公斯瑺丁者欽奉特虔盡改前奉邪神之宇爲瞻禮諸聖人之殿而更立他殿以奉天主至今存焉教皇卽居於此以代天主在世主教自伯多

祿至今一千六百餘年相繼不絕教皇皆不婚娶永無世及之事但憑盛德輔弼大臣公推其一而立焉歐邏巴列國之王雖非其臣然咸致敬盡禮稱爲聖父神師認爲代天主教之君也凡有大事莫決必請命焉其左右嘗簡列國才全德備或卽王侯至戚五六十人分領教事此羅瑪城奇觀甚多聊舉數事宰輔之家有一名苑中造流觴曲水機巧異常多有銅鑄各類禽鳥遇機一發自能鼓翼而鳴各有本類之聲西樂編簫最有巧音然亦

多假人工風力成音此苑中有一編簫但置水中機動則鳴其音甚妙此外又有高大渾全石柱外周盡鏤古來王者形像故事爛然可觀其內則空虛可容幾人登躋上下如一塔肰伯多琭聖人之殿悉用精石製造花素奇巧寬大可容五六萬人殿高處視在下之人如孩童然城中有七山其大者曰瑪山人烟最稠密第苦無泉邇來造一高梁長六十里梁上立溝接其遠山之水如通流河也有水泉飲之味與乳無異汲之不竭蓄之不溢

近地曰羅肋多一聖殿即昔日聖毋瑪利亞親身所居之室此室舊在如德亞國後爲回回竊據天神凌空移至此地越海七千餘里國人欲致崇飾恐失其舊因周以玉牆覆以大殿今逢聖毋誕日行旅來朝者常至數萬人儒略嘗親詣此殿今已屹然鉅鎮矣其西北爲勿搦祭亞無國王世家共推一有功德者爲王城建海中有一種木爲樁入水千萬年不腐其上鋪石造室復以磚石爲之備極精美城內街衢俱是海兩傍可通陸行城中有

艘二萬又有一橋梁極濶上列三衢俱有民居閒
隔了不異城市其高又可下度風帆國中精于造
舟預庀物料一舟指顧可成他方重客每至其處
閱視一兩時其工已成一巨舫可以航海者矣所
造玻璃極佳甲于天下有勿里諾湖在山巔從石
峽瀉下聲如迅雷聞五十里飛泉噴沫成珠日光
耀之恍惚皆虹霓狀有一異泉出山石中不拘何
物墜於其內半月便生石皮周裹其物又有沸泉
有溫泉沸泉常沸高丈餘不可染指投畜物于內

頃刻便可糜爛矣温泉女子或浴或飲不生育者育能育者多乳所產鐵鑛掘盡踰二十五年復生第在本土任加火力鐵終不鎔之他所始鎔其南爲納波里地極豐厚君長極多有火出晝夜出火爆石彈射他方恆至百里外昔一名士欲窮其故近其山爲火燎死後移一聖人遺蛻至本國其害遂息有一城名亞既諾聖人多瑪斯著陡錄日亞者生於此地又地名哥生濟亞有兩河一河濯髮則黃濯絲則白一河濯絲髮俱黑其外有博樂業

城因多公學名爲學問之母昔有二大家爭爲奇
事一家造一方塔高出雲表以爲無復可踰一家
亦建一塔與前塔齊第彼塔直聳此則斜倚若傾
而今已歷數百年未壞直聳者反將頹矣又有城
名把都亞中有公堂縱二百步橫六十步上爲樓
覆以鉛瓦而中間不立一柱又把兒瑪一堂廣可
馳馬亦無一柱惟以梁如人字相倚壽丈至盈尺
皆然上壓愈重則下挺持愈堅也從納波里至左
里城有石山相間隔國人穴山以通道長可四五

里廣可容兩車對視則如明星又有地出火四周皆小山山洞甚多入内皆可療病又各王一疾如欲得汗者入某洞則汗至欲除濕者入某洞則濕去因有百洞遂名曰一百所此皆意大里亞屬國也其大者六國俱極富庶西諺嘗曰羅瑪爲聖勿搦祭亞爲富彌郎爲大那坡里爲華熱拏亞爲高樞楞察爲整各有專書備論意大里亞之名島有三一西齊里亞地極豐厚俗稱國之倉之庫之魂皆美其富庶也亦有大山噴火不絕百年前其火

竹與火爐直飛踰海達利未亞境山四周多艸木
積雪不消常成晶石亦有沸泉如醋物入便黑其
國人最慧善譚論西土稱爲三舌人最精天文造
日晷法自此地始有巧工德大祿者造百鳥自能
飛即微如蠅虫亦能飛更有天文師名亞而幾墨
得者有三絕嘗有敵國駕數百艘臨其島國人計
無所出已則鑄一巨鏡映日注射敵艘光照火發
數百艘一時燒盡又其王命造一航海極大之舶
舶成將下之海計雖傾一國之力用牛馬駱駝千

萬莫能運舟幾茂墨得營運巧法第令王一舉手舟如山岳轉動須臾下海矣又造一自動渾天儀十二重層層相間七政各有本動凡日月五星列宿運行之遲疾一一與天無二其儀以玻璃為之重重可透視眞希世珍也其傍近有馬兒島不生毒物即蛇蝎等皆不螫人毒物自外至至島輒死一撒而地泥亞亦廣大生一艸名撒而多泥人食之輒笑死狀雖如笑中實楚也西諺凡謂無情之笑皆名撒而多泥笑一哥而西加有三十三城所産

犬能戰一犬可當一騎故其國布陣一騎間一犬
反有騎不如犬者又近熱奴亞一鷄島滿島皆鷄
自生自育不須人養又絕非野雉之屬

亞勒瑪尼亞

拂郎察之東北有國曰亞勒瑪尼亞南四十五度
半北五十五度半西二十三東四十六度國王不
世及乃興七大屬國之君所共推者或用本國之
臣或用列國之君須請命教皇立之國中設共學
十九所其氣候冬月極冷善造煖室微火溫之遂

極煖土人散處各國以爲兵極忠實可用至死不貳各國護衛宮城或從征他國親兵皆選此國人充之本國人僅給其半其工作極精巧制器匪夷所思能於戒指内納一自鳴鐘地多水澤冰堅後人多于氷上用一種木屐兩足躡之一足立氷上一足從後擊之乘滑勢一激數丈其行甚遠手中尚不廢常業也又有法蘭哥地人最質直易信行旅過者輙詈之客或不答則大喜延入具酒食或爲計緩急未室者則妻之謂此人已經嘗試可信

託也多葡萄善造酒但沽與他方過客土人滴酒不入口惟飲水而已即他國載酒至亦不容入境其屬國名博尼美亞者地生金掘井恒得金塊有重十餘斤者河底常有金如豆粒有羅得林日亞國者最侈汰西土宮室多用帷幔障壁其王有一延客堂四周皆列珊瑚瑯玕交錯儼一屏障又有一大銃製作極巧二刻之間可連發四十次

法蘭得斯

亞勒馬尼亞之西南爲法蘭得斯地不甚廣人居

稠密有大城二百八十小城六千三百六十八共學三所一學分二十餘院人情俱樂易溫良最好談論善謳歌其婦女與人貿易無畏男子顧其性極貞潔能手作錯金絨不煩機杼西洋布最輕細者皆出此地

波羅泥亞

亞勒馬尼亞東北曰波羅尼亞極豐厚地多平衍皆蜜林國人採之不盡多遺棄樹中者又產鹽及獸皮鹽透光如晶味極厚其人美秀而文和愛樸

實禮賓篤備絕無盜賊人生平未知有盜國王亦不傳子聽大臣擇立賢君其王世守國法不得變動分毫亦有立其子者但須前王在位時預擬非預擬不得立卽推立本國之臣或他國之君亦然國中分爲四區區居三月一年而徧其地甚冷冬月海凍行旅常于氷上歷幾晝夜望星而行有屬國波多理亞地甚易發生種一歲有三歲之獲艸萊三日内便長五六尺海濱出琥珀是海底脂膏從石隙流出初如油天熱浮海面見風始凝天寒

出隙便凝每爲大風衝至海濱

翁加里亞

翁加里亞在波羅尼亞之南物產極豐牛羊可供歐邏巴一州之用有四水甚奇其一從地中噴出卽凝爲石其一冬月常流至夏反合爲氷其一以鐵投之便如泥再鎔又成精銅其一水色沉綠凍則便成綠石永不化矣

大泥亞諸國

歐邏巴西北有四大國曰大泥亞曰諾而勿惹亞

曰雪際亞曰鄂底亞與亞勒馬尼亞相隔一海套道阻難通西史稱爲别一天下南北經度自五十六至七十三其南夏至日長六十九刻其中長八十二刻其北夏至日輪橫行地面半年爲一晝夜地多山林產獸及海魚極大異於他方其大泥亞國沿海產菽麥牛羊最多牛輸往他國者歲常五萬海中魚蔽水面舟爲魚湧輒不能行捕魚不藉網罟隨手取之不盡也近二十年內一國王名地谷白剌格酷嗜瑪得瑪第加之學嘗建一臺于高

山絕頂以窮天象究心三十餘年累黍不爽其所
制窺天之器窮極要渺後有大國王延之國中以
傳其學今爲西土歷法之宗其諾而勿惹亞寡五
穀山林多材木鳥獸海多魚鼈人性馴厚喜接遠
方賓旅曩時過客僑居者絕不索物價今稍需即
饜足矣故其地絕無盜賊其雪際亞地分七道屬
國十二歐邏巴之北稱第一富庶多五穀五金財
貨百物貿易不以金銀即以物相抵人好勇亦善
遇遠方人　鄂底亞在雪際亞之南亦繁庶

厄勒祭亞

厄勒祭亞在歐邏巴極南地分四道經度三十四至四十三緯度四十四至五十五其聲名天下傳聞凡禮樂法度文字典籍皆爲西土之宗至今古經尚循其文字所出聖賢及博物窮理者後先接踵今爲回回擾亂漸不如前其人喜啖水族不嘗肉味亦嗜美酒東北有羅馬泥亞國其都城周裏三層生齒極衆城外居民綿亘二百五十里有一聖女殿門闢三百六十以象週天附近有高山名

阿零薄其山頂終歲清明絕無風雨古時國王登山燎祀其灰至明年不動如故有河水一名亞施亞白羊飲之卽變黑一名亞馬諾黑羊飲之卽變白有二島一爲厄歐白亞海潮一日七次昔名士亞利斯多徧窮物理惟此潮不得其故遂赴水死其諺云亞利斯多欲得此潮此潮反得亞利斯多一爲哥而府圜六百里出酒與油蜜極美遍島皆橘柚香橼之屬更無別樹天氣清和野鳥不至其地

莫斯哥未亞

亞細亞西北之盡境有大國曰莫斯哥東西徑萬五千里南北徑八千里中分十六道有窩兒加河最大支河八十皆以爲尾閭而以七十餘口入北高海國內兵力甚强日事吞併其地夜長晝短冬至日止二時氣極寒雪下則堅凝行旅駕車度雪中其馬疾如飛電其室宇多用火溫雪中行旅爲嚴寒所侵血脉皆凍堅如氷石如驀入溫室之中耳鼻輙墮於地每自外來者先以水浸其軀俟僵

體漸甦方可入温室内故八月以至四月皆衣皮裘多獸皮如狐貉貂鼠之屬一裘或至千金者熊皮以爲臥褥永絕蟣虱產皮處即用以充賦稅以遺鄰國多至數十車國人多盜人競畜猛犬見人則噬晝置穽中夜聞鐘聲始放人亟匿影閉户矣惟國王許習文藝其餘雖貴戚大臣亦禁學恐其聰明過主爲主辱也故其國有天主能知國主能知之諺今亦稍信眞教其王常手持十字國中亦傳流天主之經或聖賢傳記無禁矣俗最澆凡欲

貿易須假託外邦商賈方取信國人若言本土則逆其詐矣有大鐘以搖不以撞搖非三十人不能惟國主卽位及其誕日鳴之所造大銃其長三丈七尺一發用藥二石可容二人入內掃除又有一蜜林其樹悉爲蜂房國人各界其樹爲恒產嘗有人入蜜林見一枯樹大過合抱其人攀緣樹巔忽墮樹腹中蜜沒至口逾三四日計無所出幸有熊登樹啗蜜以掌探樹腹其人牢捉熊掌熊驚躍遂得拔出

地中海諸島

地中海有島百千其大者曰甘的亞曩有百城周二千三百里古王造一苑囿路徑交錯一入便不能出游者須以物識地然後可入生一草名阿力滿少嚼便能療飢地中海風浪至冬極大難行有鳥作巢於水次一歲一乳但自卵至翼不過半月此半月内海必平靜無風波商船待之以渡海鳥名亞爾爵虐此半月遂名爲亞爾爵虐日云

西北海諸島

歐邏巴西海迤北一帶至氷海海島極大者曰諳厄利亞曰意而蘭大其外小島不下千百意而蘭大經度五十三至五十八氣候極和夏熱不擇陰冬寒不需火產獸畜極多絕無毒物其國奉教之初因一王宮之婢能識認真主遂及王后國王以訖一國其地有一湖插木于內入土一段化成鐵水中一段化成石出水面方爲原木也旁一小島島中一地洞常出怪異之形或云鍊罪地獄之口也諳厄利亞經度五十至六十緯度三度半至十

三氣候融和地方廣大分爲三道共學二所共三十院其地有恠石能阻聲其長七丈高二丈隔石發大銃人寂不聞故名聾石有湖長百五十里廣五十里中容三十小島有三奇事一魚味甚佳而皆無鰭翅一天靜無風倏起大浪舟楫遇之無不破一有小島無根因風移動人弗敢居而艸木極茂美畜牛羊豕類極多近有一地死者不殮但移其尸於山千歲不朽子孫亦能認識地無鼠有從海舟來者至此遂死又有三湖細流相通遠然其

魚絶不相往來此水魚誤入彼水輙死傍有海窖潮盛時窖吸其水而亦不盈潮退即噴水如山高當吸水時人立其側衣一沾水人即隨水吸入窖中如不沾水雖近立亦無害至迤北一帶海島極多至冬夜長數月行路工作皆以燈產貂類極多人以爲衣又有人長大多力遍體生毛如獼猴產牛羊鹿甚多犬最猛烈一犬可殺一虎遇獅亦不避也冬月海氷爲風所擊嘗湧積如山人善漁獵山多鳥獸水多魚鼈人以魚肉爲糧或磨魚爲麪

油爲燈骨造舟車屋室亦可爲薪其魚皮以爲舟遇風不沉不破如陸走則負皮舟而行其海風甚猛能拔樹折屋及攝人物于他處又聞北海濱有小人國高不二尺鬚眉絶無男女無辨跨鹿而行鸖鳥常欲食之小人恒與鸖相戰或預破其卵以絶種類又有小島其人性嗜酒任飲不醉年壽最長近諳厄利亞國爲格落蘭得其地多火以磚石障之仍可居處或宛轉作溝以通火火焰所至便置釜飯熟物更不須薪其火亦終古不滅

卷終

職方外紀利未亞卷三

西海艾儒略增譯　東海楊廷筠彙記

天下第三大州曰利未亞大小共百餘國西南至利未亞海東至西紅海北至地中海極南南極出地三十五度極北北極出地三十五度東西廣七十八度其地中多曠野野獸極盛有極堅好文彩之木能入水土千年不朽者迤北近海諸國最豐饒五穀一歲再熟每種一斗可收十石穀熟時外國百鳥皆至其地避寒就食渉冬始歸故秋末冬

初近海諸地繳取禽鳥無筭所產葡萄樹極高大生實繁衍他國所無地既曠野人或無常居每種一熟即移徙他處野地皆產異獸因其處水泉絕少水之所瀦百獸聚焉更復異類相合輒產奇形怪狀之獸地多獅爲百獸之王凡禽獸見之皆匿影性最傲遇之者若亟俯伏雖餓時亦不噬也千人遂之亦徐行人不見處反任性疾行惟畏雄鷄車輪之聲聞之則遠遁又最有情受人德必報之常時病瘧四日則發一度其病時躁暴猛烈人不

能制擲之以毬則騰跳轉弄不息其近水成羣處
頗爲行旅之害昔國王嘗命一官驅之其官計無
所施惟擒捉幾隻斷其頭足肢體遍掛林中後稍
驚竄有鳥名亞旣剌乃百鳥之王也羽毛黃黑色
高二三尺首有冠鉤喙如鷹隼飛極高巢于峻山
石穴內生子則令視日目不瞬者乃留之壽最長
久老者脫去羽毛復生新羽與雛不異性鷙猛能
攫羊鹿百鳥食之肉經宿則不食矣有冒險者尋
得其巢取其餘肉可供終歲有毒蛇能害其子則

知先尋一種石置巢邊蛇毒遂解其性有知覺受人德亦必報焉西國大王恒用此鳥像爲號有山狸似麝臍後有肉囊香滿其中輙病向石上剔出之始安香如蘇合油而黑其貴次于龍涎能療耳病又産一異羊甚鉅一尾便得數十斤其味最美有毒蛇能殺人土人有能制蛇者蛇至其前自能驅逐又非有方術禁制此等人世世子孫皆然有尊貴人行路必覔此人自隨又有如很狀者名大布獸其身人其手足專穴人墓食人尸又有一獸

軀極大狀極異其長五丈許口吐涎即龍涎香或云龍涎是土中所產初流出如脂至海漸凝爲塊大有千餘斤者海魚或食之又在魚腹中剖出非此獸所吐也其地馬最善走又猛能與虎鬬虎豹熊羆之類種種不一土人多以田獵爲事貴人亦時出獵搏獅虎以爲娛界內名山有亞大蠟者在西北天下惟此山最高凡風雨露雷皆在山半山頂終古晴明視日星倍大昔人有晝字於灰上者歷千年不動無風故也國人呼爲天柱此方人夜

睡無夢甚爲奇有月山在赤道南二十三度極險峻不可躋攀有獅山在西南境其上頻興雷電轟擊不絶不問寒暑其在曷罷剌國者出銀鑛甚多取之不可盡其在西南海者曰大浪山其下海風迅急浪起極大商船至此或不能過則退歸西洋船破敗率在此處過之則大喜可望登岸矣故稱喜望峰此山而東嘗有暗礁全是珊瑚之屬剛者利若鋒刃海船極畏避之凡利未亞之國著者曰阨入多曰馬邏可曰弗沙曰亞費利加曰奴米

弟亞曰亞毘心域曰馬拿莫大巴曰西爾得散處
者曰井巴島曰聖多默島意勒納島聖老楞佐島

阨入多

利未亞之東北有大國曰阨入多自古有名極稱
富厚中古時曾大豐七載繼即大歉七載當時天
主教中有前知聖人名龠瑟者預教國人廣儲蓄
令罄國中〻之財悉用積穀至荒時出之不惟救本
國之飢而四方財貨因來糴穀盡輸入其國中故
富厚無比至今五穀極饒畜產最多凡他方百果

草木移至此地卽茂盛倍常其地千萬年無雨亦無雲氣國中有一大河名曰泥祿河河水每年一發自五月始以漸而長土人視水漲多少以爲豐歉之候大率最大不過二丈一尺最小不過一丈五尺至一丈五尺則歉收二丈一尺則大有年矣凡水漲無過四十日其水中有膏腴水所極處膏腴卽着土中又不泥濘故地極肥饒百穀艸木俱暢茂當水盛時城郭多被淹沒國人于水未發前預杜門戶移家於舟以避之去河遠處水亦不至

昔有國王專求救旱澇之法得一智巧士曰亞爾
幾默得者爲作一水器以時注洩便利無比即今
龍尾車也國人極有機智好攻格物窮理之學又
精天文因其地不雨并無雲霧日月星辰晝夜明
朗夜臥又不須入屋內舉目即見天象故其考驗
益精他國不如也其國未奉眞教時好爲淫祀即
禽獸艸木之利賴於人者如牛司耕馬司負雞司
晨以至蔬品中爲葱爲蒜之類皆欽若鬼神祀之
或不敢食其誕妄若此至天主耶穌降生少時嘗

至其地方入境諸魔像皆傾頹纔有二三聖徒到彼化誨遂出有名聖賢甚多其國女人恒一乳生三四子天下騾不孳生惟此地騾能傳種昔國王嘗鑿數石臺如浮屠狀非以石砌是擇大石如陵阜者鏟削成之大者下趾濶三百二十四步高二百七十五級級高四尺登臺頂極力遠射箭不能越其臺趾也有城古名曰孟斐斯今曰該禄是古昔大國之都城名聞西土其城有百門門高百尺街衢行三日始遍城用本處一種脂膏砌石成之

堅緻無比五百年前此國最爲强盛善用象戰鄰國大小皆畏服之象戰時以桑椹色視象則怒而奔敵所向披靡都城極富厚屬國甚多今其國已廢城亦爲大水衝擊齧其下土因而傾倒然此城雖不如舊尚有街長三十里悉爲市肆行旅喧填百貨具集城中常有駱駝二三萬

馬邏可　弗沙　亞非利加　奴米弟亞

阨入多近地中海一帶爲馬邏可與弗沙國馬邏可地分七道出獸皮羊皮極珍美蜜最多國人以

蜜爲糧其俗最以冠爲重非貴人老人不得加冠于首僅以尺布蔽頂而已弗沙地分七道都城之大爲利未亞之最宮室殿宇極其華整高大有一殿周圍三里開三十門夜則燃燈九百盞國人亦略識理義入多之西爲亞非利加地最肥饒易生一麥嘗秀三百四十一穗以此極爲富厚西土稱爲天下之倉焉邏之南有國名奴米弟亞人性獷惡不可教誨有果樹如棗可食其地有小利未亞之水泉方千里無江河行旅過者須備兼旬之水

亞毘心域　馬拿莫大巴者

利未亞東北近紅海處其國甚多人皆墨色逾北稍有白色向南漸黑甚者色如漆矣惟齒目極白其人有兩種一在利未亞之東者名亞毘心域地方極大據本州三分之一從西紅海至月山皆其封域產五穀五金金不善鍊恒以生金塊易物糖蠟極多造燭純以蠟不知用油國中道不拾遺夜不閉户從來不知有寇盜其人極智慧又能崇奉天主修道者手持十字或懸掛胸前極知敬愛西

土篤默聖人爲其傳道自彼始也王行遊國中常有六千皮帳隨之僕從車徒恒滿五六十里一種在利未亞之南名馬拿莫大巴者國土最多皆極愚蠢不識理義其地氣候甚熱沿海處皆沙人踐之即成瘡痏黑人坐臥其中安然無恙也所居極穢如豕牢喜食象肉亦食人市中有市人肉處皆生齕之故齒皆銼銳若犬牙然奔走疾于馳馬不衣衣反笑人衣衣者或塗油于身以爲美樂絕無文字初歐邏巴人到此黑人見其看誦經書講說

道理大相驚訝以爲書中有言語可傳達也其思如此地無兵刃惟以木爲標鎗火炙其銳處用之極銛利身有羶氣亦不可除性不知憂慮若鳥獸然聞簫管琴瑟諸樂音便起舞不能止但其性朴實耐久教之爲善事卽盡力爲之爲人奴極忠於主爲主用力視死如歸遇敵直前了無避忌其俗大略不崇魔像亦知天地有主但視其王若神靈亦以爲天地之主凡陰晴旱潦皆往祈之王若偶一噴涕舉朝皆高聲應諾又舉國皆高聲應諾大

可笑也人性喜飲酒易醉所產鷄亦皆黑獨豕肉
爲天下第一美味病者食之亦無害產象極大一
牙有重二百斤者又有獸如猫名亞爾加里亞尾
後有汗極香黑人穽于木籠中汗沾于木乾之以
刀削下便爲奇香烏木黃金最多地無寸鐵特貴
重之布帛喜紅色斑色及玻璃器又善浮水他國
名爲海鬼其亞毘心域屬國有名諳哥得者夜食
不晝食又止一飡絕不再食以鹽爲幣又一種
名步冬頗知學問重書籍善歌舞亦亞毘心域之

類也

西爾得　　工鄂

利未亞之西有海濱國名西爾得其地有兩大沙其一在海中隨水游移不定其一在地隨風飄泊所至積如丘山城郭田疇皆被壓沒國人甚苦之又有工鄂國地亦豐饒頗解義理自與西客往來國中大都崇奉眞教其王又遣子往歐邏巴習學文字講明格物窮理之學焉

井巴

利未亞之南有一種夷狄名曰井巴聚衆十餘萬極勇猛又善用兵無定居以馬及駱駝乘載遷徙所至即食其人及鳥獸蟲蛇必生命盡絶乃轉他國爲南方諸小國之大害

福島

利未亞西北有七島福島其總名也其地甚饒凡生人所需無所不有絶無雨而風氣滋潤易長艸木百穀亦不煩耕種布種自生葡萄酒及白糖至多西土商舶往來必到此島市物以爲舟中之用

七島中有一鐵島絕無泉水而生一種大樹每日没即有雲氣抱之釀成甘水滴下至明旦日出才雲散水歇樹下作數池一夜輒滿人畜皆沾足爲終古如此名曰聖蹟水言天主不絕人用特造此奇異之迹以養人各國人多盛歸以爲異物

聖多默島　意勒納島　聖老楞佐島

聖多默島在利未亞之西赤道之下圍千里徑三百里其地濃陰多雨愈近日處雲愈重雨愈多凡在此島之果俱無核又有意勒納島鳥獸果實甚繁而絕無人居海船從小西洋至大西洋者恒泊

此十餘日樵採漁獵供三萬里之用而去又赤道南有聖老楞佐島圍二萬餘里從十七度至二十六度半人多黑色散處林麓無定居出琥珀象牙極廣

職方外紀亞墨利加卷四

西海艾儒略增譯　東海楊廷筠彙記

亞墨利加第四大州總名也地分南北中有一峽相連峽南曰南亞墨利加南起墨瓦蠟泥海峽南極出地五十二度北至加納達北極出地十度半西起二百八十六度東至三百五十五度峽北曰北亞墨利加南起加納達南極出地十度半北至氷海北極出地度數未詳西起一百八十度東盡福島三百六十度地方極廣平分天下之半初西

土僅知有亞細亞歐邏巴利未亞三大州於大地全體中止得什三餘什七悉云是海至百年前西國有一大臣名閣龍者素深於格物窮理之學又生平講習行海之法居常自念天主化生天地本爲人生據所傳聞海多於地天主愛人之意恐不其然畢竟三州之外海中尚應有地又慮海外有國聲教不通沉于惡俗更當遠出尋求廣行化誨于是天主默啓其衷一日行游西海嗅海中氣味忽有省悟謂此非海水之氣乃土地之氣也自此

以西必有人烟國土矣因聞諸國王資以舟航糧糗器具貨財且與將卒以防寇盜珍寶以備交易閣龍遂率衆出海展轉數月茫茫無得路既危險復生疾病從人咸怨欲還閣龍志意堅決只促令前行忽一日船上望樓中人大聲言有地矣衆共歡喜頌謝天主亟取道前行果至一地初時未敢登岸因土人未嘗航海亦但知有本處不知海外復有人物且彼國之舟向不用帆乍見海船既大又駕風帆迅疾發大砲如雷咸相詫異或疑天神

或謂海怪皆驚竄奔逸莫敢前舟人無計與通偶
一女子在近因遺之美物錦衣金寶裝飾及玩好
器具而縱之歸明日其父母同衆來觀又與之實
貨土人大悅遂欵𨼆西客與地作屋以便往來閣
龍命來人一半𨼆彼一半還報國王致其物産其
明年國王又命載百穀百果之種併攜農師巧匠
往教其地人情益喜居數年頗得曲折然猶滯在
一隅其後又有亞墨利哥者至歐邏巴西南海尋
得赤道以南之大地即以其名名之故曰亞墨利

加數年之後又有一人名哥爾德斯國王仍賜海舶命往西北尋訪復得大地在赤道以北卽北亞墨利加其地從來無馬土人莫識其狀適舟人乘馬登岸彼中人見之大驚以爲人馬合爲一體疑獸非獸疑人非人急奔告本處官長以達國王國王遣人來視亦錯愕不辨爲人但齎兩種物來一是鷄豚食物等云爾若人類則享此一是香花鳥羽等云爾若天神則享此旣而嘗其食物方明是人從此往來不絕其中大國與歐邏巴傀遺相通

西土國王亦命教中掌教諸士至彼勸人爲善數十年來相沿惡俗稍稍更變其國在南亞墨利加者有孛露有伯西爾有智加有金加西蠟南北相連處有宇華單加達納在北亞墨利加者有墨是可有花地有新拂郎察有拔革老有農地有寄未利有新亞比俺有加里伏爾尼亞有西北諸蠻方其外有諸島總名亞墨利加島云

南亞墨利加

孛露

南亞墨利亞之西曰孛露起赤道以北三度至赤道以南四十一度大小數十國廣袤一萬餘里中間平壤沃野亦一萬餘里地肥磽不一肥者不煩耕治布子自能生長凡五穀百果艸木悉皆上品本地人自目爲大地之苑囿也其鳥獸之多羽毛之麗聲音之美亦天下第一地出金鑛取時金土互涵別之金多于土故金銀最多國王宮殿皆以黃金爲板飾之獨不產鐵兵器皆用燒木銛石今貿易相通漸知用鐵然至貴餘器物皆金銀銅三

種爲之有數國從來無雨地中自有濕性或糞水澤有樹生脂膏極香烈名拔爾撒摩傳諸傷損一晝一夜肌肉復合如故塗瘡不瘢以塗屍千萬年不朽壞有一種異羊可當騾馬性甚倔强有時倒卧雖鞭箠至死不起以好言慰之即起而走惟所使矣食物最少可絶食三四日肝生一物如卵可療諸病海國甚貴之天鵝鸚鵡尤多有一鳥名厄馬最大生曠野中長頸高足翼翎極美麗通身無毛不能飛足若牛蹄善奔走馬不能及卵可作杯

器今番舶所市龍卵即此物也產棉花甚多亦織
爲布而不甚用之專易大西洋布帛及利諾布或
剪馬毛織爲服其地江河極大有泉如脂膏常出
不竭人取燃燈或塗舟砌墻當油漆用又有一種
泉水出於石罅纔離數十步即變爲石有土能燃
火可當炭用平地山岡皆有之地震極多一郡一
邑常有沉墊無遺者或平地突起山阜或移山至
於別地皆地震之所爲也故不敢爲大宮室上葢
必以薄板以備震壓其俗大抵無文字書籍結繩

爲識或以五色狀物形以當字即史書亦然算數用小石子亦精敏其文飾以珍寶嵌面或以金銀爲環穿脣及鼻臂腿或繫金鈴復飾重寶夜中光照一室其國都以達萬餘里鑿山平谷爲坦途更布石以便驛使傳命則數里一更三日夜可達二千里人性良善不長傲不飾詐頗似淳古之風因其地金銀最多任意可取故亦無竊盜貪吝亦不自知其富或反作細微無益之務以當業但陋俗最多近天主教中士人往彼勸化敎之經典書文

與談道德理義往時惡俗如殺人祭魔驅人殉葬等事俱不復然爲善反力于諸國有捐軀不辭者其間亦有最醜惡地土産極薄人拾蚯蟻爲糧以網四角掛樹而卧蓋因地氣最濕又有最毒之蛇人犯之必死其不敢下卧者恐寐時觸之也其土音各種不同有一正音可通萬里之外凡天下方言過千里必須傳譯其正音能達萬里之外惟是中國與孛露而已近有一大國名亞老歌人强毅果敢善用弓矢及鐵杵不立文字一切政教號令

皆口傳說辨論極精聞者最易感動凡出兵時大將戒諭兵士不過數言無不感激流涕願效死者他談論皆如此

伯西爾

南亞墨利加之東境有大國名伯西爾起赤道以南二度至三十五度而止天氣融和人壽綿長亦無病疾他方有病不能療者至此卽瘳地甚肥饒多奇異鳥獸江河爲天下最大最有名有大山界孛露者高甚飛鳥莫能過產白糖最多嘉木種種

不一而蘇木更多亦稱爲蘇木國有一獸名懶面甚猛爪如人指有鬃如馬腹垂着地不能行盡一月不踰百步喜食樹葉緣樹取之亦須兩日下樹亦然決無法可使之速又有獸前半類狸後半類狐人足梟耳腹下有房可張可合恒納其子于中欲乳方出之其地之虎餓時百夫莫可當値其飽後一人制之有餘即犬亦可斃之也饕餮之害如此國人善射前矢中的後矢即破前筈連發數矢常相接如貫無一失者俗多裸體獨婦人以髮蔽

前後少之時鑿顋及下唇作孔以貓睛夜光諸寶石簪入爲美婦人生子卽起作務如常其夫則坐蓐數十日服攝調養親戚俱來問候餽遺弓矢食物通國皆然世間風俗多有難以理通如此類者然人情習慣亦莫覺其非也地不產米麥不釀酒用艸根曬乾磨麵作餅以當飰凡物皆公用不自私土人能居水中一二時刻復能張目明視亦有能游水最捷者恒追執一大魚名都白狠而騎之以鐵鉤鉤入魚目曳之東西走轉捕他魚素無君

長書籍亦無衣冠散居聚落喜啖人肉西土常言其地鈌三字王法文是也今已稍稍歸化頗成人理其南有銀河水味甘美嘗湧溢平地水退布地皆銀沙銀粒矣河身最大入海處濶數百里海中五百里一泒尚爲銀泉不入鹵味其北又有一大河名阿勒戀亦名馬良溫河身曲折三萬里未得其源兩河俱爲天下第一

智加

南亞墨利加之南爲智加即長人國也地方頗冷

人長一丈許遍體皆毛昔時人更長大曾掘地得人齒濶三指長四指餘則全身可知也其人好持弓矢矢長六尺每握一矢插入口中至於沒羽以示勇男女以五色畫面爲文飾

金加西蠟

南亞墨利加之北曰金加西蠟其地出金銀天下稱首其鑛有四坑深者皆二百丈土人以牛皮造軟梯下之役者常三萬人其所得金銀國王什取其一七日約得課銀三萬兩其山麓有城名曰銀

地百物俱貴獨銀至賤貿易用銀錢五等大者八錢小至五分金錢四等大者十兩小者一兩歐邏巴自通道以來歲歲交易所獲金銀甚多故西土之金銀漸賤而米穀用物漸貴識者以爲後來當受多金之累然獲利既厚雖知不能絕也其南北地相連處名字革單近赤道北十八度之下南北亞墨利加從此而通東西二大海從此而隔周圍五千餘里天主教未行之先其國已預知尊敬十字聖架國俗以文身爲飾

北亞墨利加

墨是可

北亞墨利加國土多富饒鳥獸魚鼈極多畜類更繁富家畜羊嘗至五六萬頭又有屠牛萬餘僅取其皮革餘悉棄去不用百年前無馬今得西國馬種野中生馬甚衆又最良有鷄大于鵝羽毛華彩特甚味最佳吻上有鼻可伸縮如象縮之僅寸餘伸之可五寸許諸國未通時地少五穀今亦漸饒新田手種可收十石又產良藥甚多其南總名新

以西把尼亞內有大國曰墨是可屬國三十境內有兩大湖皆鹹各一俱不通海鹹者水恒消長若海潮土人取以熬鹽其甘者中多鱗介之屬湖四面皆環以山山多積雪人烟輻輳集于山下舊都城容三十萬家大率富饒安樂每用兵與他國相爭鄰國即勒兵十餘萬其守都城亦恒用三十萬人但囿于封域聞人言他方有大國土大君長輒笑而不信今所建都城周四十八里不在地面直從大湖中創起堅木爲樁密植湖中上加板以承

城郭宮室其堅木名則獨鹿能入水千年不朽城內街衢室屋又皆宏敞精絕其國王寶藏極多所重金銀鳥羽鳥羽有奇彩者用以供神工人或輯鳥毛爲畫光彩生動初國內不知文字今已能讀書肆中有鬻書者矣其業大抵務農工以尊貴爲長人面目甚美秀彼自言有四絕一馬二屋三街衢四相貌也昔年土俗事魔殺人以祭或遭災亂則以魔嫌人祭少故每歲輒加多至殺人二萬其魔像多手多頭極其險怪祭法以綠石爲山寘人

背於上持石刀剖取人心以鄭魔而人肢體則分食之所殺人皆取于鄰國故頻年戰鬪不休今掌教士人感以天主愛人之心亦知事魔之謬不復祭魔食人矣其中有一大山山谷野人最勇猛一可當百善走如飛馬不能及又善射人發一矢彼發三矢矣百發百中亦喜啖人肉鑿人腦骨以爲飾今亦漸習于善最喜得衣如商客與衣一襲則一歲盡力爲之防守迤北有墨古亞剛不過千里地極豐饒人强力多壽生一種嘉穀一歲可三熟

牛羊駱駝糖蜜絲布之類尤多更北有古理亞加納地苦貧人皆露臥以漁獵爲生有寡斯大人性良善亦以漁爲業其地有山出二泉稠膩如脂膏一紅一墨色

花地　新拂郎察　拔革老　農地

北亞墨利加之西南有花地富饒人好戰不休不尚文事男女皆裸體僅以木葉或獸皮蔽前後間飾以金銀纓絡人皆牧鹿若牧羊然亦飲其乳有新拂郎察往時西土拂郎察人所通故有今名池

曠野亦多險峻稍生五穀土瘠民貧亦皆人肉不有拔革老本魚名也因海中産此魚甚多商販往他國恒數千艘故以魚名其地土瘠人愚地純沙不生五穀土人造魚腊時取魚頭數萬密布沙中每頭種穀二三粒後魚腐地肥穀生暢茂其收獲倍於常土又有農地多崇山茂林屢出異獸人强力果敢搏獸取皮爲裘亦以爲屋其緣飾以金銀爲環鉺項穿耳近海有大河闊五百里窮四千里不得其源如中國黃河之屬

既未蠟　新亞比俺　加里伏爾泥亞

北亞墨利加之西爲既未蠟爲新亞比俺爲加里伏爾尼亞地勢相連屬國俗略同男婦皆衣羽毛及虎豹熊羆等裘間以金銀飾之其地多大山一最大者高六七十里廣八百里長三四千里山下終歲極熱山半則溫和至山巔極冷頻年多雪盛時深六七尺雪消後一望平濤數百里山出泉極大滙爲大江皷盪皆廣數百里樹木茂盛參天蔽日松實徑數寸大于常數倍松木腐爛者蜂輒

就之作房蜜蠟自味美採蜜者預次水邊候蜂來隨之而去獲蜜甚多獨少鹽得之如至寶相傳餂之不忍食獅象虎豹等獸動輒成羣皮亦甚賤雉有大者重十五六斤地多雷電樹木多被震壞有小鳥如雀於枯樹啄小孔千數每孔輒藏一粟爲冬月之儲

西北諸蠻方

北亞墨利加地愈北人愈野無城郭君長文字數家成一聚落四周以木柵爲城其俗好飲酒日以

報仇攻殺爲事即平居無事亦以鬬爲　而以牛羊相賭凡壯男出戰則一家老弱婦女咸持齋以祈勝戰勝則家人迎賀斷敵人頭以築墻若欲再戰臨行其老人輒指墻上髑髏以相勸勉其女人則砍其指骨連爲身首之飾人肉則三分之以一祭所事魔神以一賞戰功以一分給持齋助禱者若獲大仇則斷其骨長二寸許鑿顧作孔以骨裁入露寸許於外用表其功顧有樹三骨者人咸敬畏之戰之時家中所有寶物皆携而去誓不反顧

以期必勝也其尚勇好殺如此蓋由地本富饒人家星列又無君長官府以理法斷其曲直故小小爭競便相攻殺也此地人多力女人亦然每遷徙凡什物器皿糧糗子女共作一駝負之而行上下峻山如履平地坐則以右足爲席男女皆以飾髮爲事首飾甚多亦帶螺貝等物男女皆垂耳環若傷觸其耳及環則爲大辱必反報之所居屋卑隘門戶低甚以備敵也昔年極信邪魔持齋極虔齋時絕不言語一日僅食菽一握飲水一杯而已凡

將與人攻戰者或將漁獵耕穫者或將喜樂宴飲者或忽遇仇家者輒持齋各有日　耕者祀兎與鹿求不傷稼獵者祭大鹿角以求多獲鹿角大者長五六尺徑五六寸也有大鷙鳥西國所謂鳥王者巫藏其乾腊一具數百年矣亦以爲神獵者祭之巫覡甚多凡祈晴雨則於衆石中尋取一石彷彿似物形者即以爲神而祭之一日不騐即棄去別求一石偶值晴雨輒歸功焉歲獲新穀亦必先以供巫其矯誣如此近歐邏巴行敎士人至彼勸

令敬事天主戒勿相殺勿食人遂翕然一變又強
毅有恒心要改之後永不犯也俗既富足又好施
予人家每作熟食置於門首往來者任意取之

亞墨利加諸島

兩亞墨利加之島不可勝數其大者為小以西把
尼亞為古巴為牙賣加等氣候大抵多熱艸木開
花結實終歲不斷產一異艸食之殺人去其汁則
甚美亦可為糧有毒木人過其影即死手持其枝
葉亦死覺中其毒亟沉水中可免有鳥夜張其翼

則發大光可自照野猪猛獸縱横原野土人善走疾如奔馬又能負重若足力竭後以鍼刺股出黑血少許則疾走如初取黄金一歲限定幾日先期齋戒以祈神佑又有一島女人善射又甚勇猛生數歲即割其右乳以便弓矢昔有商船行近此島遇女子盪小舟來射殺商船二人去如飛不可追逐更有一島土人言其泉水甚異於日未出時往取其水洗面百遍老容可復如少又有一島名百而謨達無人居魔叢其上其側近海無風恒起大

浪海船至此甚險。四十年前曾有一舶至彼魔鬼蓦登其舟，舟中人皆驚仆，獨一舵師不爲動，且詰問何物魔，即應言：舟中有何工作，我當代汝。舵師指授所爲，魔一一與言相反，如命東即西，命行則止。舵師恍悟一法，旋復顛倒命之，舟即疾行，甚如飛。鳥海道三萬里，三日而至，抵家言起程之期，人皆不信，視所寄書中日月，果然，其怪異如此。又有一島，墨瓦蘭嘗過此島，不見人物，謂之曰無福島。又有珊瑚島，以多生珊瑚樹，故名之。有新爲匿島，甚

大其勢貌似利未亞之爲匯故以爲名亦曰入匿
向未過遶此地意其與墨瓦蠟尼相連十餘年前
乃知有海船過其南見爲一島經度起赤道以南
一度至十二度止緯度起一百六十五至一百九
十止其土風未詳

職方外紀卷四終

職方外紀墨瓦蠟尼加卷五

西海艾儒略增譯　東海楊廷筠彙記

天下第五大州曰墨瓦蠟泥加先是閣龍諸人既已覓得兩亞墨利加矣西土以西把尼亞之君復念地為圜體徂西自可達東向至亞墨利加而海道遂阻必有西行入海之處於是治海舶選舟師裹餱糧裝金寶繕甲兵命一強有力之臣名墨瓦蘭者載而往訪墨瓦蘭既承國命沿亞墨利加之東偏紆廻數萬里展轉經年歲亦茫然未識津涯

人情厭斁輒思返國墨瓦蘭懼功用弗成無以復命援劍下令舟中曰有言歸國者斬於是舟人震慴賈勇而前已盡亞墨利加之界忽得海峽亘千餘里海南大地又復恍一乾坤墨瓦蘭率衆巡行間關前進祇見平原漭蕩杳無涯際入夜則燐火星流瀰漫山谷而已因命爲火地而他方或以鸚鵡名州者以其所產有鸚鵡亦此大地之一隅也其後追厥所自謂墨瓦蘭實開此區因以其名命之曰墨瓦蠟尼加云墨瓦蘭既踰此峽還入太平

大海自西復東業知大地已遍其半竟直抵亞細亞馬路古界度小西洋越利未亞大浪山而北折遵海以還報本國遍遶大地一周四過赤道之下歷地三十萬餘里從古航海之績未有若斯盛者因名其舟爲勝船言戰勝風濤之險而奏巡方偉功也其人物風俗山川畜産與夫鳥獸蟲魚俱無傳說即南極度數道里遠近幾何皆推步未周不漫述後或有詳之者

書墨瓦蠟泥加後

鄒子謂九州之外復有九州夫越裳氏固不在禹貢職方之內者則譚天之言信矣乃論者謂其閎大不經噫何亦不廣也漆園氏謂六合之內論而不議六合之外存而不論今按五州之說則凡麗地球之上在函蓋之下窮照墜之所至無內無外夫固已存而論論而議矣獨墨瓦蠟泥加一州則墨瓦蘭初涉其境未能爲圖大抵地盡在南方北抵大瓜哇小瓜哇海東亞墨利加海西利未亞海其人物土產政治風習

及妄敢推步尚皆闕如舊梓附於亞墨利加之後今析之另立為一卷卽龐氏向奏

神宗皇帝亦云地凡五大州今闕其一不可不補其不附為圖者則不為鑿空駕造之說亦疑以傳疑意也蓋何地無異事何代無畸人讀此紀不有繼墨瓦蘭而起更治海船選舟師憑舊日之指南費幾年歲之工夫遍踏蠟泥加之地椄其人詢其政紀其怪異祛其惡習而偕之大道者乎

聖化洋溢無遠弗屆自開闢以來曾有如大西諸
儒重數十譯破浪九萬里而來賓者乎吾安知
蠟泥加絕徼不有聞風而起稽首吾
闕廷如利氏者乎天之生人厥賦惟均凡含齒戴
髮孰不函員履方試語之高天厚地二曜四時
孰樞紐而斡旋是火而食織而衣尾蓋葬埋固諸
聖人之教孰位置而資足是五官効靈百骸司
職之入徹地格物窮理孰啓廸而寵綏是剏眩
宇宙之為有不齊孰爲調劑而並育並行是知

元元而本本則知化化而生生對
上帝畀　天命勸昭事儼對越不愧不作無忝所
生此之人君子天覆地載之心固西士遠來意
也閣龍慮海外有國聲教不通乃遠出尋求廣
行教化況今已真知有墨瓦蠟泥加一州無邊
幅幀無限生齒而竟置之為化外之民不幾東
南一缺陷哉故曰一夫不獲時予之辜利先生
之譯萬國輿圖曰吾深有望於戴天履地者余
惟陸行者臥雪埋身驚沙瞇眼長途饑渴曠瀚

墨瓦蠟泥加

孤单水行者舟航上下魚龍出沒絕島經年酸
鹹辛苦此惟西士諳之竊以爲敷救之廣續紀
之輯深有望於大西諸君子者

後學福唐王一錡識

職方外紀四海總說卷六

西海艾儒略增譯　東海楊廷筠彙記

造物主之化成天地也四行包裹以漸而堅凝故火最居上而火包氣氣包水土則居于下焉是環地面皆水也然玄黄始判本爲生人水土未分從何立命造物主於是別地爲高深而水盡行于地中與平土各得什五所潴曰川曰湖曰海川則流湖則聚海則潮川與湖不過水之支派而海則衆流所鍾稱百谷王焉故說水必詳於海有二焉海

在國之中國包乎海者曰地中海國在海之中海包乎國者曰寰海川與湖估度無多不具論寰海極廣隨處異名或以州域稱則近亞細亞者謂亞細亞海近歐邏巴者謂歐邏巴海他如利未亞如亞墨利加如墨瓦蠟尼加及其他蕞爾小國皆可隨本地所稱又或隨其本地方隅命之則在南者謂南海在北者謂北海東西亦然隨方易向都無定準也茲將中國列中央則從大東洋至小東洋為東海從小西洋至大西洋為西海近墨瓦蠟尼

一帶爲南海近北極下爲北海而地中海附焉天下之水盡於此稗海大瀛屬近荒唐無可證據

海名

海雖分而爲四然中各異名如大明海太平海東紅海孛露海新以西把尼亞海百西兒海皆東海也如榜葛蠟海百爾西海亞刺比海西紅海利未亞海何摺亞諾滄海亞大蠟海以西把尼亞海皆西海也而南海則人跡罕至不聞異名北海則冰海新增蠟海伯爾昨客海皆是至地中海之外有

波的海窩窩所德海入爾馬泥海太海北高海皆在地中可附地中海

海島

海島之大者附載各國之後其小者不下千萬難以殫述大率在亞細亞者蘇門答蠟日本浡泥最大在歐邏巴者諳厄利亞最大在利未亞者聖老楞佐島最大在亞墨利加者新以西把尼亞最大在墨瓦蠟尼加者新爲匿亞最大而太平海中則有七千四百四十島此外有石礁或見水面或隱

水中小中者船極畏之又有沙渚船値之則陷此時盡棄船中重貨雖百萬金錢所不恤乘潮至方得脱之否則斷無出理

海族

海中族類不可勝窮自鱗介而外凡陸地之走獸如虎狼犬豕之屬海中多有相似者今聊據船行所見述一二以新聽聞魚之族一名把勒亞身長數十丈首有二大孔噴水上出勢若懸河每遇海船則昂首注水船中頃刻水滿船沉遇之者亟以

盛酒鉅木罌投之連呑數甖則俛首而逝淺處得之熬油可數千斤一魚名斯得白長二十五丈其性最良善能保護人或漁人爲惡魚所困此魚輙往鬭解漁人之困焉故彼國法禁人捕之一名薄里波其色能隨物而變如附土則如土色附石則如石色一名仁魚西書記此魚嘗負一小兒登岸偶以鬐觸傷兒兒死魚不勝悲痛亦觸石死西國取海豚嘗藉仁魚爲招每呼仁魚入網卽入海豚亦與之俱俟豚入盡復呼仁魚出網而海豚悉羅

矣一名劍魚其嘴長丈許有齒刻如鋸猛而多力能與把勒亞魚戰海水皆紅此魚輒勝以嘴觸船則破海船甚畏之一魚甚大長十餘丈濶丈餘目大二尺頭高八尺其口在腹下有三十二齒齒皆徑尺頤骨亦長五六尺迅風起嘗衝至海涯一魚甚大且有力海舶嘗遇之其魚竟以頭尾抱船兩頭舟人欲擊之恐一動則舟必覆惟跪祈天主須臾解去一如鱷魚名曰剌瓦而多長尾堅鱗甲刀箭不能入足有利爪鋸牙滿口性甚獰惡入水食

魚登陸人畜無所擇百魚遠近皆避第其行甚遲小魚百種常隨之以避他魚之吞啖也其生子初如鵝卵後漸長以至二丈每吐涎于地人畜踐之即仆因就食之凡物開口皆動下頦此魚獨動上齶口中亦無舌冬月則不食物人見之却走必逐而食之人返逐之彼亦却走其目入水則鈍出水極明見人遠則哭之近則噬之故西國稱假慈悲者爲刺尾而多哭獨有三物能制之一爲仁魚蓋此魚遍身鱗甲惟腹下有輭處仁魚鬐甚利能刺

殺之一爲乙苟滿鼠屬也其大如猫善以泥塗身令滑俟此魚開口輒入腹嚙其五臟而出又能破壞其卵一爲雞腹蘭香草也此魚最喜食蜜養蜂家四周種雞腹蘭即弗敢入有名落斯馬長四丈許足短居海底罕出水面皮甚堅用力刺之不可入額有二角如鈎寐時則以角掛石盡一日不醒有海魚海獸大如海島者嘗有西舶就一海島纜舟登岸行游半晌又復在岸造作火食漸次登舟解維不幾里忽聞海中起大聲回視向所登之島

已沒方知是一魚背也有獸形體稍方其骨軟脆有翼能鼓大風以覆海舟其形亦大如島又有一獸二手二足氣力猛甚遇海船輙顛倒播弄之多遭沒溺西船稱爲海魔惡之甚也其小者有飛魚僅尺許能掠水面而飛又有白角兒魚善窺飛魚之影伺其所向先至其所開口待啖恒相追數十里飛魚急輙上人舟爲人得之舟人以鷄羽或白練飄揚水面上着利鉤白角兒認爲飛魚躍起吞之便爲舟人所獲又有介屬之魚僅尺許有殼而

六足足有皮如欲他徙則竪半殼當舟張足皮當帆乘風而行名曰航魚有蟹大踰丈許其螯以箝人首人首立斷箝人肱人肱立斷以其殼覆地如矮屋然可容人臥又有海馬其牙堅白而瑩淨文理細如絲髮可爲念珠等物復有海女上體直是女人下體則爲魚形亦以其骨爲念珠等物可止下血二者皆魚骨中上品各國甚貴重之海島有一種其一宿島中者日常飛颺海面海船遇之則可占海島遠近其一本生長於海中不知登岸船

上欲取之则以皮布水面以鉤着餌置皮上鳥就食之輒可鉤至若釣魚然又有鳥能捕魚者身生皮囊如網入水褁魚而出人因取之又有極異者爲海人有二種其一通體皆人鬚眉畢具特手指略相連如鳧爪西海曾捕得之進於國王與之言不應與之飲食不嘗王以爲不可狎復縱之海轉盻視人鼓掌大笑而去二百年前西洋喝蘭達地曾於海中獲一女人與之食輒食亦肯爲人役使且活多年見十字聖架亦能起敬俯伏但不能言

其一身有肉皮下垂至地如衣袍服者然但着體而生不可脱卸也二者俱可登岸數日不死但不識其性情莫測其族類又不知其在海宅于何所似人非人良可怪

海產

海產以明珠爲貴則意蘭最上土人取海中蚌置日中曬之俟其口自開然後取珠則珠色鮮白光瑩有大如鷄子者光照數里南海皆剖蚌出珠故珠色黯黯無光有珊瑚島其下多出珊瑚初在海

中色綠而質柔軟上生白子土人以鐵網取之出水便堅有紅黑白三色紅色者堅而密白黑色者鬆脆不堪用大浪山之東北有暗礁水涸礁出悉是珊瑚之屬猫睛寶石各處不乏小西洋更多琥珀則歐邏巴波羅尼亞有之沿海三千里皆是蓋爲風浪所湧堆積此地土人取爲器物龍涎香黑人國與伯西兒兩海最多曾有大塊重千餘斤者望之如島然每爲風濤湧泊於岸諸蟲魚獸並喜食之他狀前已具論海水本皆鹽味然亦有不假

煎熬自凝為鹽塊者近忽魯謨斯處有出五色相間亦純是鹽土人鑿山石鏇以為器貯食物則不須和鹽蓋其器已是鹽自生鹹味也又有海樹太平海內淺處生艸一望如林葱蒨可愛

海狀

地心最為重濁水附于地到處就其重心故地形圓而水勢亦圓隔數百里水面便如橋梁遠望者不可見須登桅望之乃見其前或夷或險而海中夷險各處不同惟太平海極淺亘古至今無大風

浪大西洋極深深十餘里從大西洋至大明海四
十五度以南其風常有定候至四十五度以北風
色便錯亂不常其尤異者在大明東南一隅常有
異風變亂凌雜倏忽更二十四向海船惟任風而
飄風水又各異道如前爲南風水必北行倏轉爲
北風而水勢尚未趨南舟莫適從因至摧破至小
西洋海潮極高大又極迅急平地頃刻湧數百里
海中大舶及蛟龍魚鱉之屬嘗乘潮勢湧入山中
不可出歐邏巴新曾蠍利未亞大浪山亦時起風

浪甚險急至滿剌加海無風倏起波浪又不全海皆然惟里許一處以次第與後浪將起前浪已息矣海上雖多有風獨利未亞海近爲匿亞之地當赤道下者常苦無風又天氣酷熱船如至此食物俱壞人易生疾海深不得下碇船大不能用櫓海水暗流及潮湧飄船至淺處壞者多在於此海水味鹹中有少性又勢常激盪故不成氷至北海則半年無日氣候極寒而氷故曰氷海海船爲氷堅所阻直須守至氷解方得去又苦氷山海中氷塊

爲風所擊堆疊成山海船觸之定爲虀粉矣赤道之下則終歲常熱食物水酒至此色味皆變過之卽復如常凡海中之色大率都綠惟東西二紅海其色淡紅或云海底珊瑚所映而然亦非本色也又近小西洋一處入夜則海水通明如火西儒常親見而異之持器汲起滿器俱火光又滴入掌中光亦瑩然可玩後來漸次消滅

海船

海船百種不止約有三等其小者僅容數十人專

用以傳書信不以載物其舟腹空虛可容自上達下僅留一孔四圍點水不漏下鎮以石使舟底常就下一遇風濤不習水者盡入舟腹中密閉其孔復塗以瀝青使水不進其操舟者則細縛其身于檣桅任水飄蕩因其腹中空虛永不沉溺船底又有鎮石亦不翻覆俟浪平舟人自解縛運舟萬無一失一日可行千里中者可容數百人自小西洋以達廣東則用此舶其大者上下八層最下一層鎮以沙石千餘石使舶不傾側震盪全籍此沙石

二三層載貨與食用之物海中最艱得水湏裝淡水千餘大桶以足千人一年之用他物稱是其上近地平板一層則船內中下人居之或裝細軟切用等物地平板之外則虛其中百步以爲揚帆習武游戲作劇之地前後各建屋四層以爲尊貴者之居中有甬道可通頭尾尾復建水閣爲納涼之處以待貴者之遊息船兩傍列大銃數十門以備不虞其鐵彈有三十餘斤重者上下前後有風帆十餘道桅之大者長十四丈帆濶八丈水手二三

百人將卒銃士三四百人客商數百有船總管一人是西國貴官國王所命以掌一船之事有賞罰生殺之權又有船師三人曆師二人船師專掌候風使帆整理器用吹掌號頭指使夫役探試淺水礁石以定趨避曆師專掌窺測天文晝則測日夜則測星用海圖量取度數以識險易以知道里又有官醫主一船之疾病亦有市肆貿易食物大船不畏風浪獨畏山礁淺沙又畏火船上火禁極嚴蓋千人之命攸係然其起程但候風色未嘗選擇

時日亦未嘗有大失也

海道

儒略輩從歐邏巴各國起程遠近不一水陸各異大都一年之内皆聚于邊海波爾杜瓦爾國里西波亞都城候西商官舶春發入大洋從福島之北過夏至線在赤道北二十三度半踰赤道而南此處北極已沒南極漸高又過冬至線在赤道南二十三度半越大浪山見南極高三十餘度又逆轉冬至線過黑人國老楞佐島夾界中又踰赤道至

小西洋南印度臥亞城在赤道北十六度風有順逆大率亦一年之內可抵小西洋至此則海中多島道險窄難行矣乃換中船亦乘春月而行抵則意蘭經榜葛剌海從蘇門答蠟與滿剌加之中又經新加步峽迤北過占城暹羅界閱三年方抵中國嶺南廣州府此從西達中國之路也若從東而來自以西把尼亞地中海過巴爾德峽往亞墨利加之界有二道或從墨瓦蠟尼加峽出太平海或從新以西把尼亞界泊舟從陸路出孛露海過馬

路古呂宋等島至大明海以達廣州然某輩皆從西而來不由東道西來之路經九萬里也行海晝夜無停有山島可記者則指山島而行至大洋中常萬里無山島則用羅經以審方其審方之法全在海圖量取度數即知海船行至某處離某處若干里瞭如指掌百不失一

職方外紀卷之六終